IL MODESTI

E

LA VENEZIADE

STUDI E VERSIONI

DI

GIUSEPPE ALBINI.

IMOLA.

TIP. D'IGNAZIO GALEATI E FIGLIO

Via Cavour, già *Corso*, 35.

—

1886.

MIVR

IL POETA E IL POEMA.

IL POETA E IL POEMA.

—※—

Chi sia il Modesti e che cosa la *Veneziade,*
qualunque, pur senza nuocere alla riputazione
della propria cultura, può dimandare, e breve
è la risposta. Fu il Modesti tra' cinquecentisti
che più ebbero famigliare la gloriosa lingua
di Roma, e in quella versificò diverse opere,
di cui i dodici libri della *Veneziade* sono ad
un tempo e la maggiore e la più pregevole.
A questa per altro toccarono avverse le sorti,
sì ch'ella giace da più che tre secoli e mezzo,
in una col nome del suo autore, dimenticata.
Ma, perchè odio di fortuna non è difetto di
virtù, volentieri io vedrei cacciata la polvere

1

di sul vecchio poema, persuaso come sono,
essere stato il Modesti non pure buon latinista e poeta notevole, ma tale scrittore che
rende mirabilmente imagine della età sua, poichè, pur essendo prete e prete buono, senti
forte il rinfrescarsi della paganità e scrisse
pagine dove la fusione dei due sentimenti è,
se anche non bella come arte, interessante
come documento. Alle quali ragioni se aggiun-
gerò che al lavoro *mi strinse carità del natìo loco* de' padri miei, nessuno, credo, vorrà
biasimarmi; perchè, nè alle cose crebbi mai
peso o importanza, nè, gittando tempo e fatica, a ingrossare viepiù l'ingombro delle inutilità letterarie, ristampai o tradussi intero il
poema. In vece, per raggiungere l'intento con
la possibile pienezza e con la opportuna discrezione, mi parve di dover dare della *Veneziade* una versione compendiosa, ristretta
cioè ad alcuni passi vuoi belli vuoi caratteristici, questi riportando anche nel testo latino, e insiem collegandoli con breve esposizione in prosa di tutte le parti non tradotte:

ne riuscì, o doveva riuscirne, un disegno fedele del poema intero, con qua e là, per saggio sufficiente, alcuni tratti coloriti. È presso
a poco quella maniera, che, tenuta dalla Louisa
Grace Bartolini pel *Hiawatha* del Longfellow,
fu lodata dal Carducci per le traslazioni d'opere
non di prim' ordine, e consiste appunto, come
l' illustre critico scrisse, nel fare *una esposizione succinta, fedele, viva, senza pedan-
tesche divagazioni, infrapponendovi a' suoi
luoghi la versione metrica delle parti più
insigni.*[1] * *Insigni,* intendo, o per bellezza o
per importanza. E, quanto alla esposizione in
prosa delle parti non tradotte, mi è piaciuto
allontanarmi dalla maniera della Grace Bartolini in questo, che, dove ella usò di rias-
sumere in proprio nome comentando l' opera
e rilevandone i pregi, io ho riassunto senza
toglier mai il luogo al poeta, nè mai ho voluto inframmischiare al riassunto la critica:
ciò, che mi parve dover credere di questo

---

* Vedi le Note in fine al Discorso.

poema, espongo, dopo narrate le vicende del-
l'autore, in questo discorso. A chi si accinga,
per altro, a tal fatta d'imprese due cose sono
necessarie: molta diligenza e buon giudizio;
delle quali la prima non mi è venuta meno
di certo lavorando intorno al Modesti.

I.

PATRIA — VITA — OPERE
TESTIMONIANZE.

Publio Francesco Modesti (non Pier Francesco, come lo storico Cesare Clementini [2] ed altri lo chiamarono) nacque a Saludecio in quel di Rimini nel 1471 a' 17 di agosto; vi morì arciprete a' 17 di marzo 1557.

Saludecio [3] è oggi uno de' quasi novemila comuni d'Italia, e, posto su quella verde collina tra i fiumi Conca e Foglia, o, latinamente, Crustumio ed Isauro, ci appare meritevole delle lodi tributategli per la salubrità dell'aria e la feracità del terreno: è paese piccolo, ma gaio e ridente in modo, che l'ozio, grigio uccellaccio, starnazzandovi intorno con le grandi ale aperte, va minacciando di fermarvi suo nido. A destra di chi entri, per quella porta che guarda l'Adriatico, è una vecchia tavola di marmo coi versi seguenti:

Si quis forte Loci nomen miraberis hospes,
    Mirari ut cesses, hoc tibi carmen habe.

Sice pater Decius seu filius, hostia Diti
    Pro Patria stygio votus uterque sua,

Sice alius Decius, rebus feliciter actis, ·
    Hinc ierit salvus, res male certa latet.

Barbarico annales nostri interiere tumultu,
    Unde ibat simplex nec dubitanda fides.

Subvenit historiae sed fama vetustior, et vox
    Quae ducis a Decii ducta salute sonat :

Invenisse etenim Decium hic ex hoste salutem, [4]
    Testatur gemina voce Saludecium. [5]

La iscrizione — che porta la data del 1547
ne' seguenti due esametri

Virginis a partu saeclis ter quinque peractis
Et currente anno post ter tria lustra secundo —

è del nostro Modesti, il quale già nel **terzo**
libro della *Veneziade*, nominando Saludecio,
aveva aggiunto:

. . . . . *a Decii vox ducta salute,*
Hoc quod colle salus parta est, ubi condidit arcem
Agmine servato, linquens sua nomina Genti. [6] ·

E questa opinione modestiana, di trarre il nome di Saludecio dalla salvezza di un Decio romano, fu seguita anche da un conterraneo e cognato del Modesti, Sebastiano Serico, il quale, in una vita ch'ei dettò in bel latino del saludecese beato Amato Ronconi, dai continuatori del Bollando al giorno ottavo di maggio riportata, attesta di avere co'propri occhi vedute molte *imagini* di Deci, conflate di diversi metalli e trovate nell'agro saludecese. Di che si potrebbe supporre che uno dei Deci, scampato al nemico sopra quel colle, al colle lasciasse il nome di *Salus Decii*, e vi fabbricasse anche un'abitazione, alla quale avrebbero appartenuto le *imagines* vedute dal Serico: perchè la ipotesi del Serico stesso, che là fossero le tombe dei Deci, non può, a ogni modo, andar scompagnata dalla prima, cioè dall'essere in que'luoghi un'abitazione dei medesimi. Nè sarebbe difficile fare altre ipotesi e trovarne anche di più archeologicamente attendibili. Se non che a voler gittare in terra questa ricostruzione classica venne

quel gravissimo storico delle cose riminesi che
fu Luigi Tonini, là dove, trattando di quelle
Pievi della Diocesi di Rimini, che cominciano aver ricordo nel secolo undecimo, an-
noverò anche la Pieve di *San Laudizio, la
quale* (com'egli scrisse) *in tutti gli atti dei
secoli XI, XII, XIII e XIV è detta sempre Plebs Sancti Lauditii; come nei secoli
seguenti anche in volgare si disse la Pieve
o il Castello di San Lodezo. Novissimo adunque è il vezzo di appellare quella terra col
nome di Saludecio per dar favore a certa
speciosa derivazione opposta ai documenti
dell'antichità, colla quale, solo da qualche
secolo in qua, si è fatto credere che ella
tragga il nome da Salus Decii; senza che
alcuno abbia saputo recarne argomento che
regga. Di S. Laudizio martire trattano i
Bollandisti al dì 13 maggio.* [7] Ivi, infatti,
i Bollandisti, detto che di San Laodicio nel
martirologio romano non è menzione, ripor-
tano gli atti, conservati dalla Chiesa Greca,
del martirio di Santa Gliceria d'Eraclea; e

in quegli atti si legge che, martoriata per ogni
guisa Gliceria e lasciata senza cibo, era ri-
sanata e cibata nel carcere dagli angeli, tan-
tochè Laodicio, il custode, fu pel grande mi-
racolo convertito a Cristo, e n'ebbe mozzo
il capo, circa l'anno 177, imperando Marco
Aurelio Antonino ed essendo Sabino preside
di Tracia. Se non che (per non discutere come
mai la venerazione del santo carceriere trace,
ignoto al martirologio romano, fosse intro-
dotta a Saludecio, e come in seguito scom-
parisse senza lasciar vestigio di sè) riman
sempre da stabilire, se il leggere *plebs sancti Lauditii* in carte medioevali sia molto forte
argomento, quando invece parrebbe che, ove
anche Saludecio fosse proprio derivato *a salute Decii*, troppo facilmente avrebbe potuto
il suo nome essere, nel medio evo, corrotto
in nome di santo, e, per avventura, di tal
santo che davvero esiste: come i cinquecentisti sentivano facilmente in quel nome un
soldato di Roma, così i medioevali un martire di Cristo. Di più: come potè il Tonini

2

asserire che in volgare si disse *San Lodezo?*
Se stiamo a' tempi recenti, tra diverse variazioni quali *Saludecio* e *Saludecchio*, troviamo prevalere la forma *Saludecio*, cui risponde nel dialetto locale *Saludez* (*Saludez
vulgo dictum*, degnaronsi notare i Bollandisti): se risaliamo i secoli, troviamo nulla
meno che messer Giovanni, il quale, nel De-
cameron, degnò di ospitalità la forma *Sanlodeccio;* e proprio *Sanlodeccio* in una sola
parola legge il testo Mannelli, quel testo che,
altrove, porta ripetutamente *San Luzo* per
Saluzzo, senza con ciò, credo, dar motivo
di riferire a *San Lucio* il nome del vecchio
marchesato subalpino. [8] Da ultimo; è del tutto
vero che i sostenitori della etimologia classica
non recassero alcun buono argomento? E la
tradizione *(fama vetustior)* e il suono stesso
della parola, messi innanzi dal Modesti? E
le *imagines* deciane vedute dal Serico, uomo
che dai Bollandisti fu detto *di gran giudi-
cio di singolar dottrina e di vita esemplare,
e giudizioso biografo* dal Tonini medesimo?

Il qual Serico, per giunta, specifica qual dei Deci potrebbe avere avuto uno scampo su quel colle, e dice che, o dovette essere Publio Decio Mus, il figlio, guerreggiante contro Umbri e Sanniti e scspinto a quella parte da un impeto di Galli, o Decio Bruto, abbandonato dalle sue legioni e cercato dai satelliti di Marco Antonio; opinioni codeste (e la prima di gran lunga più della seconda) storicamente verosimili. [9] Con che io, lungi dall'affermare quale delle due etimologie sia la vera o anche solo più probabile, intendo a mostrare come la quistione sia ragionevole e tuttora insoluta; certo è poi che a me, trattando del Modesti, importava lumeggiare la tradizione classico-romana.

Del resto, antiche testimonianze della storia di quel paese non rimangono; poichè, come gli annali suoi (secondo la iscrizione modestiana su riferita) furono distrutti in una incursione di barbari, così nell'incendio di una sacristia (a quanto riferiscono i Bollandisti) perì una prima vita del già detto

beato Ronconi, che tenevasi scritta poco dopo
la morte di quello che fu tra il 1292 e il
1303; [10] nella qual vita è probabile che alcuna vecchia tradizione paesana si conser-
vasse. Il Clementini stiè pago a chiamar Saludecio *principal terra de' Riminesi*, [11] e lo
Adimari *grande e nobil terra, ben abitata
da persone civili, ricchi e litterati, dotati
d'ogni sorta d'esercizi*. [12] Seguendo la fortuna di Rimini, venne Saludecio nel 1503
sotto la dominazione di Venezia (quindi al
Modesti la idea di una *Veneziade*), ed era
allora luogo *molto popoloso e civile*, come
scrisse in una sua relazione ser Vincenzo Valier, che per ordine di messer Domenico Malipiero provveditore in Rimini avea visitato
i castelli del territorio, relazione a noi tra-
mandata ne' suoi Diari da Marin Sanudo. [13] E
questo grande Diarista (a cui niuno epiteto
potrebbe adattarsi più efficace di quello, da-
togli nel poema dal Modesti, di *vigile Sanudo*) ci narra ancora che a' 9 gennaio 1504
due oratori di Saludecio furono innanzi al

Doge e al Collegio chiedendo l'approvazione di certi capitoli, e che l'un d'essi, da lui chiamato Giovanni Antonio senza più, *fece una elegantissima orazione;* e la riferisce. Questo Giovanni Antonio era un Modesti, fratello del poeta e poeta egli stesso, anzi da Massimiliano imperatore decorato della laureazione poetica. Esaltò questi innanzi agli augusti uditori con molte lodi Saludecio, e affermò che nelle città a quello finitime non si sarebbero allora trovati, quanti nel piccolo paese, uomini felicemente dediti alla poesia, alle lettere, alle scienze. [14]

Nato dunque a Saludecio, certo è che Publio Francesco principiò di buon'ora a studiare e ch'egli trovò in Virgilio il suo maestro ed autore, senza che ciò gl'impedisse di allargare i suoi studi agli altri grandi poeti di Roma. Resosi prete, fu, ancor giovine, fatto canonico e patrizio di Rimini. Egli stesso, a chi desiderava sapere quale propriamente fosse la patria sua, rispondeva, con versi, per vero dire, assai brutti:

Prima Saludecium cunabula fecit ab ortu,
Donor Ariminea sed natu grandior Urbe:
Patria sic tellus adscribitur utraque nobis,
Sic et neutra suum non me sibi poscit alumnum;
Nos in utramque damus meritum pietatis honorem,
Hanc animi pariter studiis illamque colentes.

Tra le poesie scritte nella giovinezza fiorente è notevolissima una elegia, del 1504, in onore di quel beato Ronconi patrono di Saludecio che altrove nominai, il quale, pur essendo di condizione agiato, visse poveramente pellegrinando, e, in morte, lasciò a beneficio de' poveri pellegrini la casa e le facoltà. È un inno sacro che si svolge per continue invocazioni, nelle quali la preghiera e la lode si alternano, ed è scritto, non pure senza misticismo, ma con tale candida ed elegante semplicità, quale spesso nelle opere modestiane si desidera.

O qui olim ex nobis unus, nunc civis Olympi es,
  Dive, Saludecii spesque salusque tui;

Quem vera in Superos pietas commendat amandum,
  Unde datum nomen saecla per ima sonat,

Cui dape contento modica tenuique lyaco
   Aestum, hyemem, somnos lex tolerare fuit;

Qui mundi illecebras vanosque perosus honores
   Per vitamque inopem dives in astra salis; [15]

. . . . :

Qui pede tricisti assiduo spacia ampla viarum,
   Dum templa invisis, teque labore domas;

. . . . '. . . . . : . . . .

Qui solis radios proiecto sternis amictu,
   Et iussa insolitum lux tibi portat onus;

Qui paupertatis legasque et tradis in usus
   Arva, domum, et quidquid liquerat ante pater,

Unde vagus sentit tua commoda quilibet hospes
   Et viduae et pueri sponsaque danda viro;

Qui nunc aetheream felix admissus in aulam
   Fers aliis, fueras cuius egenus, opem;

. . . .

Municipes fove, Amate, tuos, populumque precantem,
   Qui tua suppliciter corpora et ossa colunt.

Ma ecco l'ultima parte, ove, tra qualche reminiscenza del Carme Secolare di Orazio, si crederebbe quasi di sentire (sia detto con discretezza) una intonazione di mezzo tra certe elegie di Tibullo e le ultime strofe della *Pentecoste* manzoniana.

Sive domi varias studia exercemus in artes,
  Sive foris dum nos armaque et arva terunt,

Foecundet patrios ubertas annua tractus,
  Muneribus certent vinea agerque suis;

Poma, oleum, et frugum dives sit copia et usus;
  Incolumis pax sit quae bona cuncta beet.

Laeta sit in crebro felixque puerpera partu,
  Sit patribus soboles obsequiosa suis.

Sit caelum clemens pecori, foetura redundet,
  Ipsa suum nequeant claudere septa gregem.

Sic tibi honor crescet, ponetur et amplior ara,
  Sicque Pater patriae rite canere tuae. [16]

Quali anni il Modesti spendesse nella composizione della *Veneziade*, ci è lecito determinare con precisione. Valga il vero: nella dedica dell'opera sua al Doge Leonardo Loredano e al Senato Veneto, egli dice che i suoi dodici libri gli costano la fatica di quasi altrettanti anni. Ora i quasi dodici anni noi

non possiamo far decorrere da innanzi il 1507
e 1508 (sebbene non sia improbabile che an-
chè prima, cioè appena stabilito in Rimini il
dominio veneto, avesse il poeta vôlto l'animo a celebrare Venezia), perchè gli avveni-
menti di quel biennio empiono di sè i libri
modestiani. Per l'altra parte, ci rimane un
carme in esametri, nel quale il poeta, av-
vicinandosi *cum Venetiade sua* alla città di
Venezia, saluta quei luoghi che gli è con-
cesso finalmente di vedere; e, a far chiaro
ciò non potere essere stato dopo il giugno
1518, basterebbe una lettera colla data di
quel mese, riferita dai Bollandisti, che il Serico dirigeva al Modesti in Venezia. Di che,
fatta ragione che il poeta sulla faccia del
luogo ampliasse di nuove descrizioni il poema e, arricchito di particolari, lo riducesse
a compimento, sarebbe perfettamente rag-
giunta la somma di circa dodici anni. Se non
che, dimostrazioni indirette non ci bisognano.
Il Cicogna, nelle *Iscrizioni Veneziane*, parlando di Andrea Lippomano, il primo della

famiglia Lippomano cui fosse dal Papa con-
cesso il Priorato equestre teutonico della Trinità, tra l'altre cose scrive: — *Era assai
splendido nel suo trattamento, e nello al-
bergare gli amici, giacchè, oltre quanto si
è detto parlando del Miani, sappiamo che
l'illustre prete Francesco Modesto da Rimini era nel 1517 presso lui alloggiato.
Questo prete nel 14 luglio di quell'anno
1517 si presentò in Collegio con un Breve del Papa in raccomandazione sua, pre-
gando che la Signoria si degnasse di accettare dieci libri cominciati di un'Opera
sua composta in lode dello Stato Veneto,
ove rammemorava le storie passate fino
alla lega di Cambrai; e promettendo di
compirla se sarà cosa grata alla Signoria. Il Principe col Collegio commise che
l'opera fosse data da rivedere al Savio del
Consiglio Francesco Bragadino, il quale
avendola esaminata giunse in Collegio nel
28 dello stesso mese, assicurando ch'era
da premiarsi; e fu conchiuso di scriver*

*lettera all' Oratore in Corte, onde a nome
della Signoria di Venezia il Papa dia al
Modesto beneficii in rimunerazione per ducati 300. E fu nel 30 agosto successivo,
dietro altro Breve del Papa, scritto di nuovo all' Oratore che interceda dal Papa a
favor del Modesto i ducati 300 di beneficii.
Il che fa osservare all' avveduto storico Sa-
nuto* (Diarii XXIV): *et fu bella cossa; il
papa ce lo ricomanda a nui, e nui lo rimandemo al papa a premiarlo!* — Le quali
notizie, con abbastanza fedeltà derivate dai
Diarii Sanutiani, [17] ci mostrano il poeta nel
1517 già in Venezia e il poema già per circa
dieci libri composto.

Uscì pertanto la *Veneziade* in Rimini a
mezzo il novembre del 1521 [18] pei tipi di Bernardino de' Vitali veneto, a cura e a spese
di un fratello dell' autore, il notaio Sebastiano, cui, oltre a un decreto della Veneta
Repubblica, un breve di Leone X, posto in
fronte al volume, assicurava per dieci anni
la privativa dell' opera, pena ai trasgressori

la scomunica, la perdita di tutte le copie e
una multa di dieci ducati d'oro per ognuna
di esse, multa da dividersi equamente tra il
Modesti Sebastiano, l'esecutore del decreto,
e, al solito, la fabbrica di S. Pietro a Roma. [19]
La edizione della *Veneziade* è in quarto,
bella per carta e per caratteri, ricca di mar-
gini; non ha la numerazione delle pagine,
ma solo la segnatura letterale delle carte; è
piuttosto scorretta di ortografia, e di punteg-
giatura specialmente: già de' molti errori oc-
corsi si doleva, in un avvertimento al lettore, Sebastiano Modesti, che de' principali
fece anche un catalogo. [20] Il volume contiene,
oltre al poema, parecchie opere minori, e,
poichè di queste debbo accennare, se non le
qualità, almeno i titoli, tradurrò qui integralmente l'indice che al volume stesso è
preposto.

Due dediche, l'una al Grimani, l'altra al Loredano, Dogi. [21]
Della *Veneziade* Libri XII, de' quali nel Deci-

mo si narrano i primordi della Città, e nel-
l'Undecimo le geste de'singoli Dogi per ordine. Ciò qui si avverte, affinchè, se alcuno
desiderasse la storia antica prima di scorrere
la moderna, ivi la cerchi.

Epilogo al Doge e a' Veneziani.

Alla Città, a' luoghi e a' Veneziani salutazione
elogistica.

Principio delle guerre, dopo stretta contro Venezia la Lega di Cambrai.

Epistola al cardinale Marco Cornaro.

Elogio di Venezia ad Antonio Giustinian Se-
natore.

A Girolamo Lipomano panegirico.

A Francesco Maria della Rovere, duca d'Urbino, sul genetliaco del figliuol suo.

Voti alla Vergine Madre di Dio.

A Dio meditazione.

Epigramma intorno alla patria.

Un libro di Selve a Claudia Regina di Francia, [22]
nel quale si contengono:

Epistola alla Regina.

Epistola a Francesco Re di Francia.

La Vittoria di esso Re.

Il congresso dello stesso Re e di Papa Leone X
nella città di Bologna.

Epistola a Giovanni Pino.

Genetliaco di Francesco, figliuolo del Re.

Battesimo dello stesso.

Duello di Guido Rangone e Ugone Pepoli, cioè:

Epistola al detto Guido.

Elogio ad Ercole Rangone.

Carme del certame.

Il fatto, che la *Veneziade* fu edita a cura di un fratello del poeta, dice aperto che questi dovea essere tuttora lontano; e, se altri dimandasse come mai, stando egli in maggiori città, desse a stampare in Rimini l'opera sua, risponderei con la ipotesi, di cui altra più verisimile non mi soccorre, che il Modesti si fosse già in tutto accordato col veneziano Bernardino Vitali, prima che questi trasferisse a Rimini i propri tipi. [23] Comunque, si dice che dal Senato Veneto nel 1522 venisse decretata al poeta una ricca pensione annua; e ciò (come leggesi in certo manoscritto di memorie saludecesi conservato nell'archivio di quel comune) *confermasi anche da due ritratti con la seguente iscrizione a' piedi: — Publius*

Franciscus Modestus, Canonicus Ariminensis, Poeta a Serenissima Republica annuo amploque censu donatus, anno MDXXII; — a che il manoscritto aggiunge in quali famiglie i mentovati ritratti andassero a terminare. [24] Se non che poco appresso, si dice, il Senato Veneto, per compiacere ad alcune casate patrizie, che nel modestiano poema si tennero offese, raccolse di quello quante più copie potè, e tante ne distrusse; di che sarebbe nata la rarità e dimenticanza dell'opera. [25] Niente altro, tuttavia, possiamo aggiungere a suffragare cotali affermazioni. Poichè, è vero che il Sanudo (parte ancora inedita) ci attesta che nel 1522, la terza domenica di quaresima, il Modesti, venuto in Collegio, presentò al doge Grimani la sua *Veneziade,* e che il doge l'accettò, e che quindi fu letta una supplica nella quale il Modesti chiedeva per un suo fratello la cancelleria d'Este, e che intorno a ciò, ben meritandosi egli di esser premiato, sì sarebbe messa la parte nel Consiglio dei Dieci; ma è vero altresì che,

nè il Sanudo negli anni successivi fa più menzione del nostro poeta, nè i Registri del Consiglio dei Dieci, dal 1522 al 1526, portano
cosa alcuna che a lui si riferisca. [26] Bene,
invece, sappiamo di una lettera di esso il
poeta a Bernardino Scotto, scritta a'19 marzo
1545 da Venezia e proprio dalla solita casa
di Andrea Lippomano, nella qual lettera il
Modesti si lagnava forte che le grandi promesse fossero state troppo malamente atte-
nute. [27] Se non che, appunto questo lagnarsi
di promesse mancate sembra non lasciar luogo a credere che mai la *Veneziade* fosse stata
officialmente proscritta; la guerra, se guerra
ci fu, dovè esserle mossa da alcun potente
patrizio. Che se a noi non riesce di rilevare
con qualche probabilità, quali famiglie e in
qual parte del poema trovassero di che adom-
brare, ciò non basta ad impugnare la cosa:
infatti, poterono anche essere famiglie passate nel poema in silenzio, o non abbastanza
lodate a confronto di altre; col tacere e col
dire si può del pari offendere l'ambizione.

Ma, a non protrarre soverchio la controversia, è lecito conchiudendo affermare, che nè
la *Veneziade* fu troppo fortunata, nè Venezia verso il poeta romagnolo troppo munifica.

Ora, volendo, sulle notizie fin qui raccolte,
disegnare, per dir così, l'itinerario percorso
in questi anni dal Modesti, e notare le suc-
cessive dimore, si può aver per certo, che
egli nel settembre 1515 era, e forse da tempo,
in Roma, poichè in Roma, narra egli stesso,
ebbe la nuova della vittoria di Francesco I
a Melegnano; e di là nel dicembre passò a
Bologna, per l'abboccamento tra il detto Re
e Leone X. [28] Quivi probabilmente stiè qualche tempo presso il già mentovato suo fratello
Giovanni Antonio, che allora serviva il cardinale Achille Grassi, e professava retorica e
poesia nella Università bolognese. [29] Verso la
metà del '17 si presentava in Roma al Pontefice, ottenendone, come vedemmo, un breve
di raccomandazione per Venezia, dove lo troviamo nel rimanente di quell'anno e nel successivo: se poi a Venezia rimanesse fin dopo

pubblicato il poema, non è certo; certo è che
ivi era nel '22. Quindi dovette rendersi in
Roma e forse dimorarvi a lungo, per qualche tempo leggendo anche da una cattedra
dell'Archiginnasio Romano. Infatti, di lui è
menzione nel poemetto latino del suo contem-
poraneo Francesco Arsilli, poemetto dal titolo
de Poetis urbanis (cioè de' poeti allora viventi in Roma) e stampato la prima volta,
nella raccolta di poesie latine intitolata *Co-
ryciana*, l'anno 1524. [30] Di più, scrive monsignor Gaetano Marini di aver letto, in margine ad una copia del poema dell'Arsilli pos-
seduta da monsignor Caleppi, alcune note
manoscritte appostevi da un uom dotto, il
quale « *chiama il Modesti — Romani Gy-
mnasii decus, — e però non possiam dubitare non abbia voluto dire che vi fece da
Lettore.* » [31] Nel '45 ritroviamo il poeta in
Venezia, ma, che nel corso di tanti anni
egli non fosse mai tornato in patria, non
sembra credibile. A ogni modo, in patria dovè
tornare subito dopo il '45, poichè suo fu cer-

tamente il pensiero di porre nel '47 la iscrizione metrica, già riportata, su la origine
del nome di Saludecio. Quivi gli venne affi-
data la Chiesa arcipretale, e così, fino alla
morte, ebbe, aiutato da due cappellani, [32]
cura di anime, e scrisse in latino.

In questi ultimi anni suoi, e proprio nel
1552, stampò in Rimini presso Erasmo Vir-
ginio la *Christiana Pietas*, che è una raccolta di meditazioni a Dio, d'inni alla Vergine e al beato Amato, di varie poesie e di
molti epigrammi. Degli epigrammi i più sono
per papa Giulio III, ed alquanto curiosi. Si
vegga il genere:

Gaudeo, si gaudes; tristor, si triste quid in te
  Accidat: abs te sors citaque, Jule, mea.

È un innamorato a dirittura; infatti egli avverte il lettore :

Ne mirere, frequens si Julus in ore Modesti est;
  Cor aperi aut pectus, nil, nisi Julus, erit.

E all'epigramma, cui tal distico appartiene,
va dietro quest'altro:

Ille amor, alter amor cui par respondet amanti,
Se fortunatum de pari amore sciat.

Supremum verumque bonum est et amare et amari:
Felices quos sic sub iuga nectit amor!

Tutto ciò per un papa sembra un po' troppo;
massime per un papa, di cui l'ambasciatore
veneto Matteo Dandolo credeva — *di poter*
affermare, ch'egli non porti odio, e forse
nè anco amore ad alcuno. — [33] Insieme colla
Christiana Pietas fu stampato il *de Opifi-*
cio Dei, poema di cui solo il primo libro è
compiuto e cominciato il secondo. Ma, per
non riuscire diffuso e chiudere senza più queste notizie, ecco la iscrizione che si legge a
Saludecio sulla lapide sepolcrale del poeta.

D. O. M.

P. FRANCISCO . MODESTO . Saludecien.

POETAE . CLARISS . ARIMINEN . CANONICO

SALUDECIIQ . ARCHIPRESB . VIRO . PIETATE

SAPIENTIA . ET . OIB . VIRTUTIBUS . ORNATISS.

PLURIMIS . SUMM . PONT . REGIBUS . PRINCIPIB.

GALLIS . VENETISQUE . PRAESERTIM . QUORUM

PRAECLARA . CECINIT . GESTA . GRATISS . JAC.

ANT . MODESTUS . I . V . D . EX . SEBASTIANO

FRATRE . NEPOS . ET . SUCCESSOR . MOESTISS . P . C.

OBIIT . ANNO . DOM . MDLVII . XVII

CAL . APRILIS . VIXIT . ANNOS . LXXXV

MENSES . VII . DIES XVI.

Quanto a testimonianze intorno agli scritti
modestiani, non molte ci è dato raccoglierne
ma pure onorevoli. Nel breve del 1517, che
più volte citai, di Leone X a Leonardo Loredano in favor del Modesti, il Pontefice loda
di quest'ultimo *la singolare dottrina e virtù,
il moltissimo suo valore nel carme eroico,
la bellezza del poema la Veneziade.* [34] Questo breve fu scritto da Jacopo Sadoleto, non
meno che l'altro a Sebastiano Modesti, che
fu nella stampa preposto al poema, e nel quale
si dà nome a Publio Francesco di *egregio
poeta.* Lilio Gregorio Giraldi nel dialogo intorno a' poeti de' suoi tempi, ricordando il
nostro Modesti insieme col reggiano Crotti,
riconobbe maggiore studio nel primo, maggiore festività nel secondo; facilità in ambedue. [35] Il Tiraboschi a lui accennò due volte,
l'una dove tratta di coloro che scrissero di
cose venete, l'altra dove (com'egli dice) va
scorrendo i nomi di tanti valorosi poeti,
che furono lodati dal medico e letterato Francesco Arsilli nel poemetto, sopra citato, *de*

Poetis urbanis, integralmente dal Tiraboschi riferito. [36] In questo, ai distici 253 e 254, si dice, che le guerre e le vittorie dello Alviano, cantate dal Modesti, saranno lette per tutto il mondo.

Liciani audentis narrat fera bella Modestus,
Quotque hominum dederit millia multa neci;

Inter ut arma illi mens imperterrita mansit,
Huius opus Seres Antipodesque legent.

Cesare Clementini disse il poema della *Veneziade tanto eroicamente cantato, ch'è tenuto in grandissima stima;* Raffaele Adimari, contento a rilevare, da buon mercante ch'egli era, come la *Veneziade* è 'poema *molto grande,* aggiunse essere *le varie opere* di quello autore *molto stimate da persone dotte ed intelligenti;* e il Tonini Luigi scrisse avere la *Veneziade* ottenuto al suo apparire *bell'incontro e meritato.* [37] Negli storici veneziani, se si eccettuano i pochi accenni del Sanudo, nulla; e ciò non farà meraviglia a chi sappia, con quanta ragione Marco Foscarini,

nella sua *Letteratura Veneziana*, [38] avesse
a dolersi che non si fossero serbate memorie
de' letterati della Repubblica; or fate ragione,
se de' forestieri. Lo stesso Foscarini, per altro, accennando in nota a que' molti, che,
in italiano o in latino, poetarono sulle cose di
Venezia, scrive: — *Il più istruttivo riguardo alla storia è il poema latino di Francesco Modesto riminese.* — Lode in vero
per un poeta non grandissima, cui la storia
non può essere che aiutatrice; lode tuttavia
che da un Doge di Venezia accademico della
Crusca, salutato a ragione *alto dell' Adria
onore* dal buon Gozzi e titolato d' *illustre*
dal severo Tommaseo, [39] si vuol di gran cuore
accettare. E prima di vedere, studiando il
Poema, se alcun' altra le si possa per avventura congiungere, mi sembra non dispiacevole
nè inutile prendere qualche notizia di alcuno
tra que' poemi e que' poeti, che sopra e sotto
al nostro Modesti furono ricordati dal Serenissimo di San Marco: non dispiacevole,
notare diverse vie per cui si tolsero a cele-

brare le glorie di una stessa città; non inutile, esaminare così alla lesta se nulla altri
potè imitare dal Modesti, o da altri il Modesti.

II.

DI ALCUNI POEMI ITALIANI E LATINI
INTORNO A VENEZIA.

Tra i poemi del ciclo veneto (se tale espressione mi è permessa) citati dal Foscarini, sono in volgare i seguenti: la *Veneziade leggiadrissima* di Girolamo Vannino, la *Venezia edificata* di Alessandro Strozzi (volle dir Giulio), il *Veneto Senato* di Guglielmo Boccarini, la *Trasformazione d'Adria* di Giuseppe Farsetti, il *Proteo* di Antonio Conti. Il poema del Vannino non potei finora vedere; quello dello Strozzi non posso qui esaminare, chè è lungo di ventiquattro canti in ottave, e, per quanto ne vidi, non mi compenserebbe della fatica, oltre a non offrir nulla di anche lontanamente raffrontabile col Modesti; uscì in Venezia nel 1624. Peggio assai di quello dello Strozzi, e brutto a dirittura, se non

in quanto tiene alcuna volta di certa comica
bonarietà, è il poemetto, o poema che dir si
voglia (sono due libri, il primo di 452, il
secondo di 369 ottave), di Guglielmo Boccarini dal titolo — *Il Veneto Senato* — edito
in Venezia pel Farri nel 1583: il quale (avverte il Foscarini), non ostante il titolo, tratta
anche dell' edificazione della città. Certo è che
di tutto tratta assai male: prosaica è la contenenza, negletta la forma, bastonata la gram-
matica: i venezianismi si rincorrono piacevolmente per quelle stanze boccariniane: la rima,
rinnovando le atrocità di Mezenzio, costrin-
ge a baciarsi insieme uno *schioppo* con uno
scoppo, un *tiranno* con un *titanno*, un *succedere* con un *védere*. Dopo ciò, è facile imaginare splendore di versi e bellezza di ottave
che è in quel poema. Eccone la protasi:

> Canto l'armi, gli ardir, gli onor soprani,
> L'imprese e le virtù (alto pensiero)
> De gl' invitti signori Veneziani
> Ch' ebber mentre fondàr il loro Impero.
> Dirò le guerre fatte in mar lontani,

Le sedizion che ne la patria avero,
Poi che fondâr Venezia in le salse acque,
Sì come al Re del Cielo eterno piacque.

Ed ecco inoltre, per chi ne sia vago, il ritratto, disegnatoci da quel dabben concittadino di Tiziano, del primo Doge di Venezia, Paolo Anafesto.

Quest'uomo era d'ingegno e di costume
Un chiaro specchio, e d'eloquenza come
Numa Pompilio fu gradito nume
Tal l'Anafesto ebbe onorato il nome :
E fu di tal valor che al ciel le piume
Con gran gloria spiegò, e le sue chiome
D'un corno d'òr ornò, sì come ancora
Ogni Veneto Doge altier si onora.

Povera ottava, pur ora tornata dalle giostre de' paladini innamorati e dalla liberazione di Gerusalemme, a che mani se' tu venuta! Non si vuol, per altro, tacere, che nel poema boccariniano sono belle sorprese di episodi: vi si tratta anche del modo della generazione e de' segni dello zodiaco, con quanta convenienza e connessione co' fatti di Venezia ognuno, cui piaccia, vegga da sè. Nè io mi stupisco

che ad uomo quale il Foscarini non paresse
da avvertire la bruttezza di quest'opera: leg-
gendola, egli era. troppo cittadino per poter
essere critico, pago delle lodi date alla sua
Venezia, comunque date. Con la quale ragione
io spiego altresì l'entusiasmo destatosi intorno
al *Proteo* di Antonio Conti, idillio parso *leg-*
giadrissimo al Foscarini e degno di ogni lode
per merito d'invenzione e pienezza di cose,
e chiamato dal Farsetti (che pur fece, come
vedremo, assai meglio) a dirittura *sublime*
e *di facondia e d'ogni poetica bellezza ri-*
pieno. E pure, chi ben guardi, il poemetto
non è più che un compendio in versi delle
geste gloriose di Venezia. Ne avverte il lettore lo stesso Conti: « Io prendo l'epoca della
« fondazione di Venezia dalla discesa di Attila
« in Italia, perchè allora dalle rovine di Pa-
« dova, di Altino, di Uderzo, di Aquileia e
« d'altre città distrutte corsero i fuggitivi a
« salvarsi nell'isolette, che poi successivamen-
« te da ponti congiunte formarono la città di
« Venezia. Accenno brevemente o colla storia

« o coll'allegoria l'epoca delle guerre che fe-
« cero i Veneziani co' Francesi, co' Saraceni,
« co' Longobardi, co' Normanni, co' Tedeschi,
« e l'altre che fecero in difesa e dei Romani
« e de' Greci o contro di loro, per le quali
« tutte s'impadronirono dell'Adriatico. Passo
« alle conquiste della Terra Santa, nelle quali
« ebbe tanta parte la Repubblica, alla presa
« di Costantinopoli, alla divisione dell'Impe-
« rio Greco, quindi alle guerre co' Genovesi,
« al dominio della terra ferma, alla lega di
« Cambrai, all'acquisto ed alla perdita della
« Morea, all'assedio di Corfù, e finalmente
« alle ultime guerre fatte in Italia da più na-
« zioni straniere. Tra gli uomini illustri per
« le vittorie io ne rammento tre: Vettor Pi-
« sani che liberò Venezia dall'armi de' Geno-
« vesi; il Doge Enrico Dandolo che diresse
« l'impresa di Costantinopoli, e il Doge Fran-
« cesco Morosini che nella lega colla Germa-
« nia e colla Polonia tolse a' Turchi la Morea.
« Non taccio l'incremento ch'ebbero le belle
« arti nella città di Venezia, e dò al Cardi-

« nal Bembo la lode ch' egli merita per le tre
« lingue ristabilite. Tutto è preso dalle nostre
« Storie.... »

E qui sta il guaio, perchè tra tanta storia la poesia non ha luogo; anzi, a pensarci,
è pretesa ben poco seria di voler chiudere in
un *idillio* tutti i fatti d'una nazione: nè certo
noi negheremo al Foscarini che il *Proteo* del
Conti abbia *pienezza di cose*, bensì negheremo che quella pienezza sia pregio, dove il
merito dell' invenzione, checchè al Foscarini
ne sia parso, manca del tutto. [40] Poichè non
giova che il Poeta scriva tutto l'idillio *in
istile profetico*, cioè facendo sorgere Proteo
(per rendere ad esempio di Pindaro, come
osò scrivere il Conti, *più ammirabile l' in-
gresso del poema)* a predire le glorie della
Veneta Repubblica, quando tutta la inspira-
zione lirica è terminata con tale introduzione
di Proteo, in questo caso nè opportuna nè pin-
darica. Aggiungi che questo inordinato compendio storico è scritto in quel beato metro
fuggifatica di endecasillabi e settenari tra-

mescolati, con rime gittate liberamente qua
e là, metro in sommo disadatto a tal genere
epico-lirico. Le quali cose tanto più netta-
mente espongo, quanto più sono concorde col
Foscarini e col Farsetti a riverire la *memoria immortale* di Ant. Conti, il quale, ma-
tematico e filosofo insigne, intermediario tra
il Leibnitz e il Newton nella controversia per
l'invenzione del calcolo infinitesimale, uomo
largamente erudito e spesso nella critica avveduto, autore di tragedie romane con buoni
versi e forti pensieri, non ha propriament·
bisogno dell'idillio *Proteo* per seguitare ad
essere rispettabile a quanti sono studiosi in
Italia. Nella *Trasformazione d'Adria*, al
contrario, del gentiluomo veneziano e accademico della Crusca, il ball Tommaso Giuseppe
Farsetti, traduttore di Nemesiano, di Calpur-
nio e di alcune tragedie di Sofocle, lodiamo
pure in compagnia del Foscarini *la bellezza
della lingua* e *la grazia poetica*. Uscì quel
poemetto la prima volta nel 1752, la seconda,
in più corretta edizione e con altri scritti del

Farsetti, nel 1764. È in versi sciolti e diviso iu due parti, l'una mitologico-leggendaria, l'altra storico-tradizionale. Nella prima, ch'è vaghissima, Amore s'avvia alla reggia di Nettuno.

> . . . . Di cristallo elette
> S'ergon le mura dell'eccelsa mole,
> È di cristallo l'ampia soglia e 'l tetto :
> Fiammeggian d'oro riforbito e perle
> Le vaste sale, e le pareti adorna
> Lucida squamma di marini pesci.
> Dentro fan risonar le ricche stanze
> Mille plausi festevoli e giocondi ;
> Chè le cento del gran padre Oceàno
> Candide figlie, quivi insiem ridutte,
> L'ore soglion menar liete e tranquille ;
> E suole anco sovente a loro in mezzo
> Sedere il Nume di lieve alga cinto
> Ed irto il mento di canuta barba.

Rammenta Cupído, che Nettuno diè mano a' Greci nella distruzione di Troia, e che Venere, crucciata, ottenne da Giove promessa di una Troia nuova, cui non torri e mura, ma Nettuno stesso cercherebbe collo onde: i fati sono maturi; Nettuno dee seguire una

Ninfa. Così vibra Amore una freccia al cuore del Dio marino, e questi s'accende della bellissima Adria; ma, poi che la vede ritrosa, passeggia muto e solitario pei fondi azzurri, struggendosi di amorosa tristezza. Ed ecco, a pungere il Dio, corre la Fama, dicendo essere il mondo pieno di meraviglia, com' egli potentissimo patisca il rifiuto d'una Ninfa: vada, e la soggioghi. E Nettuno va, e comincia a vantare alla fanciulla il proprio potere: lui reggere *le foche smisurate,* lui chiamare ad un cenno *i fieri venti e le tempeste,* lui col tridente tutta sconvolgere la marina. Allora....: — Ma lasciamo dire al Farsetti, che dice molto bene, quasi prenunziando, in un punto, l'avvicinarsi della stupenda Elettra foscoliana.

Allor per l'ossa della casta Ninfa
Subitamente un gelido timore
Corse, com'a fanciul se larva o spettro
Di notte miri. Ecco ella fugge, ed egli
La man divina a trattenerla stende,
Nè potend'altro, a lei dietro s'avvia.
Eran placide l'onde, e 'l Sol vibrava

6

Chiaro i suoi raggi: le Nereidi a schiera
Dell' acque usciano allo spettacol tratte;
E la Donzella, al ciel tese le palme,
Cotai voci formò: « China lo sguardo,
E me quaggiù soccorri, onnipossente
Padre, nè il fior di mia verginitade
Soffrir ch' altri m' involi. A te, che vedi
Entro 'l mio petto, non s' asconde quanto
Sien puri i miei pensier, candida l'alma;
Cui pria ch'io macchi, questa umana forma
E questo viso ch'altrui par sì caro
Rendi pietra insensata (io te ne priego)
E duro sasso ch' Aquilon non crolli
Quando più irato soffia. » Udilla, e dienne
Propizio segno il Regnator dell' Etra,
Poi che tre volte folgorò, tre volte
Scosse dal centro la gran madre antica.
E già (chi fia che 'l creda?) i capei biondi
All'aura sparsi, in un momento, verde
Aliga diventaro e il bianco petto
Duro alpestre macigno, e per le membra
Esangui si diffuse un freddo gelo.
A poco a poco il suo leggiadro corpo
D'una vaga isoletta aspetto prese
Che fuor del mare erse l'altera fronte:
Ancor vedresti che del fier Nettuno
Paventa, e stassi di fuggirlo in atto.
  Ma d'altra parte il gran Rettor dell'onde
Di meraviglia pien le ciglia inarca,

Nè può dar fede agli occhi suoi, sè stesso
Molto accusando e l' ordine de' fati.
Alla bell' Adria le parole e 'l moto
Render vorrebbe; e, poi ch' indarno adopra
Ogni sua forza, a lei versa nel seno
E frutta e fiori e lucide conchiglie. ·
E, perchè non le noccia unqua de' venti
O del mar l'ira, di più duri scogli
L' immobil fianco le circonda e fascia:
Indi, più volentier ch' in altro lato,
A lei d' intorno placido s' aggira
Per dimostranza dell'antico affetto.

Nella seconda parte del poemetto, leggìa-
mo l'invasione di Attila, l'accorrere de' fuggitivi nelle varie isolette intorno ad Adria:
Venere chiede a Giove di attenere la promessa
dandole finalmente una città; e Giove la com-
piace, e, prenunziandole la gloria di Venezia, manda Mercurio in sembianza di vecchio
a persuadere i rifuggiti alle isolette adriache
di non più allontanarsi di là, onde quelli si
volgono con alacrità grandissima a fabbricare.

Allora fu che Venere amorosa
Prese baldanza e rallegrossi e rise.

Tale la *Trasformazione d'Adria*, leggiadra concezione, che a mezzo il secolo passato si vestiva di versi piacevolmente eleganti, mentre l'endecasillabo sciolto non era per anco uscito, perfetto ed insuperabile di bellezza e di efficacia, dal vasto ingegno di Giuseppe Parini. [41] Ora: conobbe egli il Farsetti la *Veneziade* modestiana? Anche nella *Veneziade* Venere chiede a Giove l'adempimento delle sue promesse, e Giove predice le glorie di Venezia e invia l'evangelista Marco in forma di leone, che atterrisce i nemici dei Veneziani, e questi conforta, sì che gl'innalzano un tempio. Di più: nel Farsetti, le Erinni eccitano Attila contro il Veneto; nel Modesti, Giunone eccita contro Venezia Massimiliano: nel Farsetti, Nettuno gitta conchiglie in grembo ad Adria; nel Modesti, Proteo arreca margarite per la fabbrica di San Marco: nel Farsetti, ch'è più, la Fama personificata sprona Nettuno contro la Ninfa; nel Modesti, la Fama personificata sprona contro la nascente Venezia le genti vicine. E, poichè ve-

demmo poco sopra descritta dal Farsetti la
reggia di Nettuno, vediamola anche descritta
dal Modesti.

Hic Patris alta domus Neptuni: murice tecta
Obsita stant circum, muri incrustantur adesis
Concharum testis; postes squama aspera vestit,
Alga solum mollis sternit muscusque marinus.

(Quivi del Padre Enosigèo son l'alte
Case: intorno di murice vestite
Ridon le stanze, ed incrostati i muri
Di lucide conchiglie; in su le porte
Scabra squamma si stende, e l'alga molle
Ed il musco marin cuoprono il suolo.)

Nè manca la schiera delle Nereidi, nè manca
Nettuno troneggiante nel mezzo. Insomma: il
Farsetti, accennando in nota ai poeti che ce-
lebrarono Venezia, tacque il Modesti; e pure
abbiamo ragione di credere che non gli fosse
la *Veneziade* sconosciuta.

Di poemi latini sulle cose venete molti cita
il Foscarini tra editi e inediti. Edito è quello
di Lorenzo Gambara bresciano (1495-1585),
pel quale Bernardino Rota scrisse i seguenti
versi, che oggi suonano quasi come satira:

Reginam pelagi, Neptunus quam rigat urbem,
Diluet, heu! tandem temporis atra manus;

Verum, pegaseo quam spargit Gambara rore,
Diluet haud unquam temporis atra manus.

Ma, per non mettermi in troppo lunghi discorsi, lascio tutti gli altri poemi posteriori
al modestiano, e noto soltanto, perchè ante-
riori, i due *Panegyrici* di Marcantonio Sabellico (1466-1508), non sempre felice poeta,
come spesso indigesto istorico. Il primo di
quelli s' intitola *Urbis Venetae Genethlia-
con*, il secondo *de Urbis Venetae apparatu:*
il Modesti li conobbe di certo, e ne fa *vera
spia* la sua invocazione a san Marco, la quale,
come ognun può vedere, deriva, almeno in
parte, dalla seguente del Sabellico.

. . . . Tu qui super aethera magnum
Praepetibus colitas pennis, quique ardua caeli
Scrutatus miranda canis, Pater Urbis aquosae,
Dexter ades coeptis . . . .
Tu genus antiquum causasque et tempora rerum
Da catem memorare tuum: si grata vetustas
His tibi, Dice, locis pario de marmore templa

Quaesitumque procul phario de littore corpus
Æternum imperii pignus sacravit honore;
Da faciles cursus, da tuto insistere portu.

E non trovo altra materia per utili raffronti.

———∘○⦂❋⦂○∘———

III.

LA VENEZIADE.

A voler dare di un lungo poema con brevità e qualche nettezza la idea, sono a dichia-
rare distintamente due cose: quello che il
poema è, ossia la contenenza; e in qual modo
è eseguito, ossia la forma.

La contenenza della *Veneziade* fu dichia-
rata dallo stesso Modesti in una parte della
troppo lunga dedica al Doge Loredano e al
Veneto Senato; ed io quella parte renderò
qui fedelmente in volgare.

« Cominciando dal primo ardere della guer-
« ra germanica, che dal duce supremo del vo-
« stro esercito Niccolò Pitigliano e da Barto-
« lommeo Alviano insieme fu terminata, noi
« abbiamo per ordine le singole cose narrate,
« che in quella spedizione dai due Capitani,
« divisi tra loro gli eserciti e le provincie,

« vennero fatte, per infino alla Lega di Cam-
« brai, la quale, per l'opera di papa Giulio II,
« fu contro a Voi stretta da Massimiliano Ce-
« sare e da quasi tutti i Principi di nome cri-
« stiano, mentre pur durava la tregua con esso-
« voi pattuita per un triennio dai Legati dello
« Imperatore medesimo, e quando Voi sul
« principio di essa spontaneamente, non so
« per quale cosa fat'avi da tal riconciliazio-
« ne sperare, avevate al Tedesco restituita
« la munitissima città di Trieste, a guerreg-
« giare per le vie di mare e di terra in som-
« mo opportuna, e, con essa, Gorizia e tutti
« i castelli di quella regione da Voi per di-
« ritto della guerra, dopo la vittoria di Ca-
« dore, occupati. Di che quanto danno alle
« cose vostre derivasse, so che niuno di Voi
« aspetta udire da me: poichè in quel modo
« le porte, che, presa da Voi quella regione,
« si erano chiuse, spalancaronsi d'un tratto
« al nemico, per le quali ei potesse più libero,
« più ardito e più sfrenato cacciarsi contro
« di noi. Le cose rimanenti, che dopo quel

7

« tempo gravi oltremisura e dolorose segui-
« rono, per una fortuna mutevole sì, ma il
« più, fino al riapparire del sereno, contra-
« ria, non toccai finora; consigliato e pre-
« gato da uomini preclarissimi a sospendere
« un tratto l'intrapreso cammino, fino a che,
« ripassati con rapida correzione que' libri che
« mi trovo avere compiuti, li abbia dati a
« leggere al pubblico, acciò, se alcuni capi-
« tani o illustri uomini sono a tante fortune
« di guerra sopravvivuti, possano conoscere
« quali cose di loro ancor viventi e quante
« lodi sieno per me state scritte. De' quali
« consiglieri fu tanta presso me l'autorità,
« quanta esser dovea; sì che volli più pre-
« sto, con forse alcuna iattura della lode spe-
« rata, soddisfare a loro e non a me stesso,
« che non, tenacemente fermo nel mio pro-
« posito (ch'io m'era proposto di non pubbli-
« care il poema se non in tutto compiuto se-
« condo il mio concetto), venir meno ai desi-
« derî e alle esortazioni continue degli amici;
« tanto più che mi andavan quelli ripetendo,

« mai non essere tolta ad autore la facoltà,
« se cosa trovi che gli piaccia, d'inserirla
« nell'opera sua, e potersi fare le seconde
« edizioni, e più altre cose sì fatte acconce
« a persuadere. Alla quale instante benevo-
« lenza finalmente mi arresi e non di mal
« animo, desideroso anch'io di sperimentare
« una volta i giudizi dei dotti. Ond'è che di
« presente io reco innanzi a Voi in un volu-
« me le mie dodici fatiche, che da quasi al-
« trettanti anni mi tengono occupato a lo-
« darvi; ed a Voi e alla gloria della vostra
« Repubblica le dedico e consacro, testimonio
« e monumento perpetuo, se troppa fiducia
« non m'inganna, della osservanza mia verso
« di Voi e il nome Veneziano. [12] » Dalle quali
parole, assai per noi importanti, risulta che la
Veneziade, quale fu data in luce, pur essendo di mole più vasta che la Eneide, non era
negl'intendimenti del suo autore se non la
prima parte di lunghissimo poema storico: nè
ciò vuol dire che non debba venir considerata
come opera compiuta, quando tutte ha nar-

rate le vicende di una guerra; anzi è lecito dubitar forte che mai fosse stato per riuscire al Modesti di condurre felicemente a termine la parte seconda, di cui dettò pochi versi, ove gli toccava di celebrare la Lega di Cambrai e i fatti da quella derivati.

La *Veneziade* pertanto, come fu pubblicata, abbraccia una esposizione dei principî e degli eventi della guerra veneto-tedesca nel biennio 1507-1508, esposizione, in fondo, poco dissimile da quella, che alcuni anni più tardi [43] dovea farne, nel settimo libro della sua Storia Veneziana, Pietro Bembo. Il raffronto per altro, più che col Bembo, riuscirebbe interessante col Sanudo, poichè, scrivendo questi giorno per giorno, serve a dimostrare chiaramente, quando e quanto il poeta sia fedele alla storia. Massimiliano, in procinto di movere verso Roma per esservi dal Pontefice incoronato, chiede il passaggio pel territorio della Repubblica, ma, poich'egli vuol menar seco genti armate (nè ciò senza disegni ostili contro i Francesi, alleati allora di Venezia),

riceve un divieto. Irritato, move la guerra;
e già a diversi valichi dell' Alpi i Tedeschi
si mostrano: contro di quelli la Repubblica
invia nel Veronese il suo Capitan generale
Niccolò Pitigliano, cogli ausiliari francesi con-
dotti dal Trivulzio, e nel Friuli Bartolom-
meo Alviano: al primo non si offre occasione
di fatti memorabili, ben si offre al secondo
che vittorioso si avanza di conquista in conquista, sforzando l'Imperatore a volger l'animo a una tregua triennale. Nella *Veneziade*
adunque si riscontra unità storica; nè vi manca un degno eroe principale, chè Bartolom-
meo Alviano per l'alta virtù guerriera meritò
di essere dal Navagero (quando questi ebbe
a leggergli, nel suo latino bellissimo, l'ora-
zion funebre) comparato a Cesare in tutto,
se si tolga nella fortuna che l'uomo non può
dare a sè stesso. Anche nel Sanudo troviamo
i Provveditori veneziani *laudare*, come ivi è
detto, *di laudi grandissime o usque ad summum il signor Bortolo*, e celebrarne, con
frasi, salva la sobrietà, non sempre repub-

blicane, ora il *buon cuore* ora la *natura cesarea.* [44] Niccolò Pitigliano nella *Veneziade* potea benissimo esser taciuto; non fu, per riguardo alla storia.

A indurre pertanto nell' opera sua alcuna varietà, il Modesti, oltre a quelle tinte poetiche e a quelle amplificazioni che facilmente s'imaginano e che egli usò ed abusò, inserì molti episodi e mitologiche finzioni. Degli episodi è il più lungo quello, dove, sul fine d'un banchetto in onore dell'Alviano vittorioso, questi, come straniero (fu vecchio costume di Venezia dare a cittadini il comando delle forze di mare, a stranieri di quelle di terra), dimanda al doge Loredano notizie certe della storia di Venezia; e il doge prende partitamente a narrare la origine e gl'incrementi della città (Libro X), la serie e le imprese de' propri antecessori (Libro XI): episodio ingegnosamente allogato e con parti buone, ma lungo oltre misura e pesante. [45] Lo stesso primo libro del poema, poichè solo nel secondo principia l'azione, non è, a guardar

bene, che un episodio anticipato, o, se ad
altri piaccia meglio (oggi che i critici di cose
musicali sono in Italia più numerosi che gli
analfabeti), una gran sinfonia preparatoria;
poichè, mostrandosi in quello il favore divino
verso la città e narrandosi la pronta e mira-
bile edificazione della Basilica Marciana, si
porge subito la idea de'grandi fati che aspet-
tano Venezia e della potente attività della
razza. Meno scusabile forse, anzi a dirittura
riprovevole, parrà l'episodio che occupa il
quinto libro, dove i primi capitani dell'esercito del Pitigliano, da questo invitati, tutte
le cose avendo messe in punto nè ancora av-
vicinandosi il nemico, si raccolgono tra l'ombre di un bosco, e academicamente discutono,
se più sia nobile la virtù militare o la forza
dello ingegno. Nè altri episodi mancano più
inopportuni di questo, e troppo sottilmente o
stranamente imaginati, i quali non cito nè esa-
mino, perchè in pari tempo dovrei, mancando
alla brevità per non mancare alla giustizia,
contrapporre ad essi gli episodi, che pur s'in-
contrano, lodevoli e belli.

Più interessante è per noi vedere, come
il Modesti alla realità storica intrecciasse le
favole mitologiche. Nella citata dedicatoria al
doge Loredano egli scriveva: « Mi piacque,
« riferendomi alle cose de' Troiani e de' Ro-
« mani, pigliare a prestito da Virgilio i cor-
« rucci scambievoli degli Dei. Virgilio, in-
« fatti, finge sempre avversa a que' popoli
« Giunone e sempre benigna Venere: le quali
« disposizioni d'animi facendo io continuare
« verso la gente vostra, nè dalla tradizione
« mi sono allontanato, nè senza documenti
« ho insinuato donde abbiate Voi tratta l'ori-
« gine; poichè i primi rampolli de' Veneti es-
« sere usciti da que' Troiani, che vennero con
« Antenore agli Euganei, ed essersi poi com-
« misti coi Romani lor consanguinei, è troppo
« certa e universale sentenza. » Nulla in tutto
ciò di singolare o di strano: lo strano ed il singolare comincia, quando si vede che il poeta,
pur accogliendo di gran cuore le finzioni mitologiche, pretende unirle in bello accordo
con le sue credenze di cristiano e di prete.

Parve a Federico Schiller di doversi scusare per avere, nella *Fidanzata di Messina,* promiscuamente adoperata la religione cristiana ed il politeismo greco; e a tale uopo, recata qualche ragione speciale, egli soggiungeva questa generale considerazione: « Io tengo per un diritto della poesia il trattare le « religioni diverse come formanti per la imaginazione un tutto collettivo, nel quale ogni « cosa, che rechi un carattere proprio o esprima particolari sentimenti, trova il suo luogo. « Sotto il velo delle religioni risiede la religione, l'idea della Divinità, e sempre deve « al poeta esser lecito di rappresentarla in « qual forma egli trovi più conveniente e più « efficace. » [46] Questa teoria del grande Tedesco è, o parmi, applicabile, oltre che al poeta drammatico il quale rimane estraneo alle cose rappresentate, al poeta osservatore che, quasi non partecipe di religione veruna, le considera obbiettivamente come tutte generate da uno stesso bisogno dello spirito umano, od anche al poeta (e varrebbe l'esempio

di Dante) che, certo di una data religione,
vuole i miti delle altre, come simboli, ado-
perare; ma non è applicabile al poeta narra-
tore, che nella esposizione stessa de' fatti ap-
palesa una fede sua ben determinata, nè può
fingere di credere a cose disparate e contra-
rie. Però non a torto scrisse Erasmo di Rot-
terdam, che, se molta lode meritò il Sannazzaro col poema del *Parto della Vergine,* più
ne avrebbe meritata, ove le cose sacre avesse
in più sacra maniera trattate. [47] Nè ciò per
timida religiosità, ma per necessità logica: o,
chi celebra il natale di Cristo come del Salva-
tore del mondo, può forse avere in altro conto
le divinità pagane che di false e bugiarde?
Che se contro sì fatta logica peccarono il Sannazzaro e molti de' contemporanei suoi, ciò
appunto dimostra come rigogliosa allora e per-
vadente la paganità rifiorisse: il sentimento
cattolico rimaneva, ma non esclusivo e non
schietto; si veneravano i Santi·del Paradiso,
ma non si faceva torto agli Dei dell' Olimpo;
si credeva al Vangelo, ma gli si poneva ac-

canto Virgilio. Intorno a' quali fatti, e specialmente intorno alle imitazioni virgiliane
senza discernimento praticate, è da ricordare
ciò che, a proposito del *Costante* di Francesco Bolognetti, scriveva, nel secondo Discorso
del *Poema Eroico*, Torquato Tasso. « Nè
« senza molta sconvenevolezza mi pare che
« introduca il Bolognetto Giove, Iddio delle
« genti, a predire, come amico e benevolo,
« la grandezza de' Pontefici Romani; perchè
« prediceva per conseguenza la distruzione
« degl'idoli suoi e de' templi e degli altari e
« de' molti sacrifizi; e, quel ch'è peggio,
« la predizione è fatta a Venere, non s'ac-
« corgendo il poeta che niuno aspetto e
« niuna congiunzione di Giove con Venere,
« niuna genealogia degli Dei, niuna favola,
« niuna istoria faceva tollerabili queste cose
« nel suo poema, le quali in Vergilio sono
« maravigliose per l'opinione avuta da' Ro-
« mani d'essere discesi da Enea figliuolo di
« Venere e d'Anchise. »

Nel *Parto della Vergine* per altro e nel

Costante e altrove l'uso della mitologia non è mai così strano come nella *Veneziade:* tolgo dal primo libro di questa alcuni esempi. Ivi Giunone suscita guerre contro la nascente Venezia, e Venere corre a Giove supplicando ch'ei salvi la città a lei donata: onde il gran Padre, togliendosi sui ginocchi la figliuola bellissima e suggendone i baci odorosi, delibera mandare aiuto a' Veneziani, ed elegge all'uopo e chiama a sè..... l'evangelista San Marco. Ora chi può imaginare sì fatto quadro? Quel Giove, posto là in mezzo alla procace dea degli amori ed al severo banditor della croce, è egli il fulminante figliuol di Saturno o la prima persona della Santissima Trinità? Naturalmente, non può essere nè l'uno nè l'altra. Di più: descritto lo innalzamento della basilica di San Marco, havvi chi imagini che, a coronare l'opera e a renderla in ogni parte perfetta, si reca co'suoi Ciclòpi Vulcano; il quale effigia la creazione del mondo e la morte di Cristo e gli apostoli e i martiri? Esempi codesti che tengono luogo di lunghi discorsi, chi pensi che tali cose erano scritte e lette seriamente, e chi ricordi che l'autore era prete e di molto zelo, di che potrebbe far fede l'episodio stranamente violento, inserito nel libro quinto, intorno a' natali di Maometto, cui il poeta fa nascere dagli amori della Luna e del bue Api.

Dopo ciò, non occorre spiegare come l'autor nostro potesse continuamente attribuire all'evangelista Marco i nomi di *Deus*, di *Genius*, di *Leo Marcius*, usurpando, ora il titolo dalla cattolica teologia serbato all'Ente Supremo, ora un'appellazione tutta pagana, ora l'aggettivo proprio del nume più brutale d'Olimpo. Il cristianissimo Vida chiamava *heros* il Cristo; il Modesti chiama *tergeminus Tonans* la Trinità. E sui nomi di persona non insisto, chè troppo è noto lo studio che i latinisti del rinascimento ponevano nel dare ad essi un'apparenza romana. Credeva il Modesti di tradurre bene il nome di *Sebastiano* in *Sebastus*, come il Poliziano avea tradotto *Lorenzo* in *Laurus*, e di chiamar bene *Pon-*

tifex Innocuus un *papa Innocenzo*, come già avea fatto il Sannazzaro. L'*Alviano* pei cinquecentisti era *Livianus*, che il Modesti tramutava anche in *Liviades;* il *Cornaro* era *Cornelius*, che il Modesti, per associazione d'idee, riduceva spesso a *Scipiades*, come per altra associazione somigliante, ammessa la cognazione tra i Romani e i Veneti, chiamava *Adriadi Quiriti* questi ultimi. [48]

Un altro particolare, dove l'influsso pagano, o vogliam dire classico, si manifesta, è quella cotal libertà, onde sono trattati gli amori in certi episodi, libertà che oggi sembrerebbe sconvenevole a prete, ma che, del resto, non è mai nè licenziosa nè meno che onesta. Poichè il poeta non usa smentire la naturale rettitudine dell'animo suo, e, come spesso ha profondità nei pensieri, così sempre ha nobiltà negli affetti. Buon cittadino, amò la sua patria, e, accennando le sanguinose gare degli Stati italiani, proruppe alcuna volta con mosse tanto felici, da ricordare l'Ariosto, il coetaneo suo grande.

Venendo alla parte esteriore della *Vene-*
ziade cioè alla esecuzione e alla forma, è da
ripéter subito col Giraldi, che molta facilità
ebbe il Modesti, facilità di concepire e facilità
di esprimere, nascente la prima di naturale acu-
me, la seconda di grande padronanza della lingua. Escono da quest'unica fonte, pare a me, il
pregio e il peccato principale del nostro scrittore: è pregio quella attitudine a tutto esporre con
abbondante lucidità senza trovare ostacolo mai;
è peccato quell'abbandonarsi, con poca mo-
derazione di artista, alla foga del far versi,
quasi compiacendosi della ben sonante parola
per sè stessa e dimenticando il *tollere ma-*
num de tabula. Poichè, per quanto uno stia
forte in sella e maneggi bravamente un cavallo animoso, se abbia una mèta da raggiungere e si perda a volteggiare, non raccoglie
che biasimo. Del qual biasimo (nè forse disdi-
ce applicare una imagine cavalleresca a prete
cinquecentista, cantore di guerre avvenute pon-
tificando Giulio II) non saprei purgare il Modesti. E, chi voglia nella *Veneziade* esempi

di stile diffuso e sfoggiato, non ha bisogno
di volger carte, chè uno ne somministrano i
primi trentasei versi, contenenti la protasi e
la invocazione, con poca semplicità e con trop-
pe parole. Altro esempio è poco appresso:
quando Giove manda San Marco al soccorso
de' Veneziani, l' evangelista, accingendosi ad
obbedire, chiude un volume che allora stava
scrivendo; e subito il poeta ci fa sapere, come
in quello si narravano le glorie del Tonante
e a lui si rivendicava la creazione del mondo,
confutando ad uno ad uno i sistemi filosofici
(e li enumera tutti) che diversamente inse-
gnano. Ancora: come prima l' Alviano ha rag-
giunto nel Friuli l' esercito suo, entra a visitare le scuderie, ed ecco tutti i cavalli,
scuotendo le criniere, si volgono a lui; e,
lietamente annitrendo, lo salutano: bella e
poetica imagine; ma il Modesti non può tenersi
dal fare la genealogia di que' quadrupedi, e
risale al cavallo, cui partorì la terra percossa dal tridente di Nettuno, e poi reca in
mezzo i nomi e di Adrasto e di Pelope e dei

Tindaridi. Che se si potessero aver per buone queste frequenti lungaggini e questi importuni sfoggi di imagini e di stile, certo la facilità resterebbe ammirabile: annoverare i diversi marmi della Basilica Marciana e le diverse gemme della *Pala d' oro*, descrivere la torre dell' Orologio e gl'ingegni dell'Orologio medesimo, sono imprese che potrebbero parere difficili a tutt'altri che al Modesti.

E quand'anche in tale modestiana ricchezza di lingua non si ravvisi la virgiliana impeccabilità del Vida, anzi si noti qualche scoria, non si vuol tuttavia dissimulare che dal non inseguire di continuo la frase trasse il Modesti una maggiore originalità di pensiero.

> *..... Ipsum ante alios animo venerare Maronem*
> *Atque unum sequere, utque potes, vestigia serva,*

predicava nell' *Arte Poetica* l'autore della *Cristiade;* e certo, non pure la grazia e la eleganza del verso latino, ma il decoro e la finitezza dell'arte non si potrebbero da più

grande maestro che da Virgilio imparare. Ma
il cinquecentista classico passava il segno
coll'assiduo trasportare nell'opera sua emi-
stichi virgiliani, perchè, all'emistichio segui-
tando spesso la imagine come ciliegia a pic-
ciuolo, il suo lavoro pareva qua e là più di
tarsia che d'imitazione. [49]

E non dico che di questo soverchio imitare non sieno esempi anche nel Modesti, il
quale anzi da' classici latini, e specialmente
da Virgilio, derivò ora imagini staccate ora
pezzi interi. Già udimmo dire a lui stesso di
avere deliberatamente pigliate a prestito per
la parte mitologica talune finzioni virgiliane:
di più, troviamo ch'egli induce Giunone a
querelarsi della sua inutile potenza, il qual
passo è una variazione di quello famoso che
è nel primo della Eneide; troviamo ch'egli
induce San Marco a rimproverare prima Nettuno e poi Borea (l'unione de' personaggi non
deve oggimai meravigliare il lettore) per una
tempesta sollevata contro una flotta veneziana,
e anche in questo passo abbiamo un rifaci-

mento di un grande originale virgiliano, non senza il famoso *quos ego* mutato in un *mox ego te;* troviamo, e siano gli ultimi esempi, riprodotta dalla Eneide la descrizione delle Arpie, derivata da un'ode oraziana e svolta la teoria che gli eroi siano debitori della immortalità, più che alla virtù propria, ai canti de' poeti.

Ma alcuna volta la imitazione, che a questo modo è assoluta inutilità retorica, diviene artistica e geniale. Tale era quella, per esempio, di Andrea Navagero, quando in morte d'un cagnuolo ripigliando con variazioni leggiadrissime il carme catulliano del passero, dipingeva prima la bestiuola ritta sulle zampine di dietro assistere alla mensa del padrone chiedendo con sommesso mugolío la sua parte di cibo, poi la mostrava tremante di paura e di freddo smarrita nella notte dell'Erebo. [50] E tale è nel Modesti, sul fine del poema, la gara delle fanciulle remiganti, la quale, sebbene foggiata, come ognuno imagina, al prototipo virgiliano, acquista, dal mutato sesso de' contendenti e dai particolari che da tale mutazione derivano, una certa impronta di grazia e di novità.

Se non che il carattere della originalità, il quale nel Modesti è per avventura più spiccato che in altri contemporanei suoi più famosi, ha la sua precipua cagione nell'argomento che quegli prese a celebrare. I poemi del Sannazzaro e del Vida trattano materie troppo conosciute, e conosciute, ch'è più, in una determinata forma, la quale nella potenza della sua semplicità sembra ripugnare ad ogni variazione poetica, ad ogni rifacimento artistico. La *Veneziade* è poema nuovo; la sua azione non è tanto grande nè tanto nota, da impacciare la libertà della fantasia; la storia, cui questa azione si ricollega, è la storia singolarissima di una maravigliosa Repubblica; il focolare di tale storia è Venezia, la città unica ed incantevole, la quale anche oggi, in tanto naufragio di poesia, serba come un'aureola poetica, e può essere salutata col Byron la Cibele dei mari pur ora emersa dall'Oceano con la sua corona di torri. Insomma:

la *Veneziade*, per quanto poema storico, tenuto conto della natura speciale di essa storia
e dei non pochi tratti di buona poesia, è
opera notevole, e il nome del suo autore può
essere lustro non pure al piccolo Saludecio, ma
e all'antica Rimini e alla intera Romagna.

Mancarono, come dissi, al Modesti alcune
doti di artista; ingegno di poeta vero non gli
mancò. Bellissimi sono certi ammonimenti e
certe sentenze, che egli a quando a quando,
cacciata allora ogni diffusione, scolpisce nel
bronzo del linguaggio romano. A noi giovani
dovrebbe sempre suonar negli orecchi il gran
verso, stupendamente calcato sopra uno famoso di Virgilio:

Res gerite, et cosmet cobis parete iubentes,

o quell'altro:

Ah, nulla est cirtus, quam non labor excoquit acer,

oppure anche:

> ..... *Virtus se fracta regressum*
> *Nescit, adoratae follis nisi praedita palmae;*

alla scuola della *trasmissione ereditaria* potrebbe far da impresa il seguente:

Discite natales hominis, minus acta movebunt;

e non dovette piacere agli astrologi, nè forse piacerà ai troppo caldi fautori della *forza irresistibile*, la magnanima sentenza:

Nos damus in Divos quidquid socordia peccat
Nostra, poloque hominum mores religamus et astris;
Fata viris Virtus, est et sibi sidera quisque.

Belle sono del pari ed efficaci talune comparazioni; veggasi com'è significata una battaglia imminente:

Ceu quum saepe cavas verno Notus äere nubes
Inglomerat raucumque sonat, nec adhuc tamen imbres
Deiicit, ingeminat tenebras, et cuncta fragore
Territat, abruptis discinditur ignibus aether;
Omnia non aliter pallens Erycina minarum
Plena dolet, flæum gliscit sub pectore vulnus.

> (Come talor di primavera addensa
> Mille Noto ne l'aer nuvoli vani,
> E s'ode rauco sibilar, nè ancora
> Cade la pioggia, e la tenèbra cresce,
> E già pel ciel guizzando le saette,
> Orribile fragor gli uomini assorda;
> Così la terra di minacce piena
> Vede Ericina, e nel suo petto stride
> L'antica piaga.)

Ed ecco rappresentato con larga similitudine omerica il mal animo di capitani a mezzo la vittoria richiamati:

Taygeti ceu saepe canes laus prima cirentis
A capta cedunt, sed non sine verbere, praeda,
Quos saltu in medio cenator misit in actam
Insidiis capream aut onagrum cercumce fugacem:
Sed mox, quadrupedem cupiens cicum ille referre,
Accurrit, flagrisque acidos absistere cogit;
Absistunt equidem haud faciles, iterumque recertant,
Acrius exclusos dominus nisi pellere perstet:
Sic et ductores Veneti cictricia certunt
Signa retro inciti, raptumque queruntur honorem.

(Come talor da l'afferrata preda
Staccansi, pur non senza frusta, i cani,
Inclito onor del verde Tāigèto,
I quai tra 'l bosco il cacciator sospinse
Dietro a camozza insidīata od onagro
O presto cervo; e poi, perch'ei desia
Vivo portarne l'animal, accorre,
E gli agognanti con picchiar discaccia;
Nè facile sen vanno questi, e vòlti
Sarien di nuovo, se il signor più forte
Non persistesse a ributtarli indietro;
Così gli adriaci capitani a forza
Debbon ritrarre le vittrici insegne,
Crucciati in cor de la rapita gloria.)

Per saggio poi di efficace rappresentazione, valga il seguente quadretto di greca finezza. La nereide Ìale, poi che avea chiamate le sorelle a bere in una sua coppa,

Turpatam [pateram], *insidens scopulum, tergebat*
(*arena*
Molli algae immixta. Speciem labor auxerat oris,
Dumque, operi insistens, tremulum prona excipit ac-
Frontis honos crinis facili fluitabat ab euro   (quor,
Per faciem, circumque humeris missa unda comarum
Cetera, par fluvio, retro sinuosa volabat.

(Sovra uno scoglio assisa, l' offuscato
Cristal tergea con molle alga e con rena.
Crescea bellezza la fatica al viso,
E mentre, intenta a l'uopo, de la tremola
Linfa a raccòr chinavasi, i capelli
De la fronte, da zefiro commossi,
Scherzavan per la faccia, e la restante
Onda di chiome, quasi fiume, intorno
Agli omeri effondendosi, volava
Sinuosa a l'indietro).

I quali pregi tutti si riscontrano anche in tratti ben lunghi, e in alcuno di essi è pure notevole, dove non eccede, la potenza fantastica, di che possono, ad esempio, far

fede la descrizione della *Casa della Fama*
nel libro primo, l'episodio dell' *Invenzione
della bussola* nel decimo, quello della *Fabbrica de' vetri a Murano* nel dodicesimo.

Ma, poichè sono venuto a tal punto, ove,
per non gittar vane parole, dovrei porre innanzi molti e molti versi, mi accorgo esser
tempo di lasciare che altri legga, almeno in
parte, il poema e a suo senno ne giudichi.
Raccolte quelle notizie che potei, detto ciò
che i miei studi mi consigliavano a dire, ho
terminato il cómpito primo; e mi è conforto
il pensare, che nè il desiderio di rivendicare
un nome troppo dimenticato, nè la compia-
cenza che toccasse a me tale officio, hanno
potuto indurmi ad esagerare i meriti del mio
poeta o a dissimularne i difetti. Anzi sono
certissimo che quei pochi, a cui per tradizione patria è pervenuto il nome di Publio
Francesco Modesti, dovranno meravigliarsi
udendo ora le opere di lui nè sempre nè in
ogni parte lodate. Ma io, desideroso che altri dimostri essere questo poeta anche mi-

10

gliore che a me non parve, [51] rimango intanto nelle idee fin qui esposte, con la si-
curtà della coscienza,

La buona compagnia che l'uom francheggia.

———∞◦∶◉∶◦∞———

NOTE.

—

[1] G. Carducci. — *Bozzetti Critici e Discorsi Letterari.* (Livorno, Vigo, 1876). *Louisa Grace Bartolini,* XIII.

[2] Nel *Racconto Istorico della città di Rimino,* lib. I. — A proposito del Modesti il Renouard *(Catalogue de la Bibliothèque d'un amateur),* tra l'altre, afferma: — *Son premier nom de baptême est* Petrus; *quoique dans ses ouvrages imprimés il change ce nom en celui de* Publius. — Il che non sarebbe impossibile, nè senza esempi in quella età (ricordiamo il Pontano), ma come si dimostra? e donde si rileva?

[3] Nel testo e più nelle note largheggio un poco di particolari intorno a questo paese, sì perchè esso, come è tra' primi luoghi del Riminese, così è de' più poveri a storia, e sì perchè le notizie, da me qui raccolte, si riferiscono al tempo del dominio veneto, cioè al tempo del Modesti.

[4] Questo verso, stampandosi più tardi l'epigramma *(Christiana Pietas,* 1552), si mutò così: — *Hoste etenim hic domito, Decium incenisse salutem.* —

[5] Per quei conterranei del Modesti, che non avessero raccolta la sua eredità di sapienza latina, ecco la traduzione: — O forestiere, se per caso ti mera-

vigliassi del nome del luogo, acciò tu lasci la meraviglia, abbiti questi versi. Sia che Decio o il padre o il figlio, votatisi entrambi per la patria allo stigio Dite, sia che un altro Decio, compiuta con fortuna un' impresa, di qui illeso partisse, la cosa mal certa ci sfugge. Perirono in una incursione barbarica gli annali nostri, onde usciva semplice testimonianza e da non dubitarne. Ma all' istoria soccorre vecchia tradizione, e la parola stessa che suona derivata dalla salute di un duce Decio. Poichè avere un Decio trovata qui salute del nemico, attesta la parola composta *Saludecio*. —

[6] Il Clementini, l. cit., sapendo che il Modesti nel poema accenna alla origine del nome di *Saludecio*, ma non conoscendo probabilmente in qual punto, riferì, come appartenente alla *Venesiade*, l' epigramma sopra trascritto, che in poema eroico, e però di soli esametri, non poteva certo allogarsi..

[7] LUIGI TONINI. *Rimini dal principio dell'Era Volgare all'anno MCC ossia Della Storia Civile e Sacra Riminese.* (Rimini, Malvolti ed Ercolani, 1856) Vol. 2º, Cap. 22, §. 5. — Anche il ch. cav. Malagola, direttore dell'Archivio di Stato in Bologna, mi citò atti medioevali, da lui recentemente veduti riordinando l' Archivio Sammarinese, ne' quali si nomina la terra di *San Lodecio (Sancti Laudilii);* e non dissimulo che in lettere apostoliche di Giulio II e di Paolo V, se ricordo bene, leggesi ancora *oppidum Sancti Lauditii.* Se ciò ad altri sembra argomento buono, si serva.

[8] Giornata 3ª, nov. 7ª; e Giorn. 10ª, nov. 10ª.

[9] Le assurde a dirittura non le menziono; una sarebbe il derivare *Saludecio* da *saltus Decii.* Che

cosa poi fossero propriamente quelle *imagines* di Deci, come riconosciute per tali, dove andate a finire, non saprei davvero. Certo il Serico afferma: — *In Saludeciensi agro, et praesertim in campestribus locis, plures Deciorum repertas imagines, ex diverso aere conflatas, inspexi.* —

10 I termini di queste due date furono affermati e dimostrati da Luigi Tonini, op. cit. V. 2°, c. 24, §. 5; V. 3°, c. 4° (Parte Sacra), §. 3, e Documento (in fine del volume) CLXVI. — Prima, la vita del b. Amato si facea risalire un po' più a dietro: curiosissimo è il ragionamento che fa in proposito il Serico. « *Ancora fanciullo* (egli scrive) *udii spesso dire a Giovanni di Giacomo Agostino, mio nonno materno, che a lui, quando aveva l'età mia (compì egli i cento e quattro anni), suo nonno Sante Ferri, uomo vecchissimo, raccontava di avere avuta l'avola materna, morta di decrepitezza, la quale diceva che ella da giovinetta aveva sua madre, la cui nonna aveva visto il beato Amato....* » Sommando queste età patriarcali, il cinquecentista risale al duecento, e in ciò, per verità, è discreto.

11 L. cit.

12 RAFFAELE ADIMARI, *Sito Riminese*, l. 2°, (Brescia, 1616).

13 Tomo V, pag. 554, a' 17 dicembre 1503. — Ecco di detta relazione quanto riguarda Saludecio, il cui nome, avverto subito, è in quei Diari scritto senza nessuna regola e in cento modi, fino *San Gaudezo* e *San Gaudenzo:* non assento, per altro, all'esimio Editore che il *Santo Lusio* (di cui al Tomo III, pagina 1091) sia Saludecio, massime che quello ivi è detto *loco a presso Faenza*, che di Saludecio non potea proprio dirsi. Scrive, dunque, il Valier: — *San*

Laudeso, castelo lontano da Monteflore miglia 3, da Arimino 15, da Urbino 10, da Mondaino castelo di la Chiesia miglia uno, da Pesaro 10, ha la rocha che è guasta ma ha bon logiamento. Soleca havere el castelano d' essa al mese ducati 6. El castelo è circondato da scarpa, da uno canto alto passa 6 con le fosse picole, e 'l corador da l'altro canto mal conditionato alto pie' 5. Ha porte do, coglie passa 560. In dicta terra habita fameglie 80.

Fa con el suo contado anime numero 3000. Homeni da facti numero 4000.

El capitanio ha de salario al mese lire 10, cal ducati 3. El nodaro è electo per la comunità, ha a l'anno di fermo lire 20, e li emolumenti dil bancho che sono lire 40.

Larorano possessione per para 100 de boi. Hanno DE PRAESENTI *grano stera 1640.*

Pagano taxe per cavalli.... Pagano de terzaria a l'anno lire 300 (cioè 100 ogni quadrimestre).

Per essere dicto loco molto populoso et cicile, hacendo el capitanio suo auctorità de ministrarli da lire 10 in gioso, nè possi impedirsi (cioè non può impacciarsi, ingerirsi) in niuna minima causa criminal nè ETIAM *di danni dati, ma concengono andar ad Arimino che è distante per miglia 15, hanno a passar 3 flumi che spesse colte non se ponno guaziar,* ADEO *che se hanno cause importante o non ponno andar over canno con gran spesa: per il che restano di qui senza iustizia con gran danno delle persone et facultà loro: saria ben procederli de uno zentilhomo che li hacesse a ministrar rasone et iustizia in civil et in criminal. Se li potria dar de salario li ducati 6 al mese, che è la provision quale soleca havere el castelano pagato dal signor, et el salario del capitano che sono ducati 3. Et perchè Monte Gradolpho, quale ha soto el suo*

officio Meleto et Cereto, che sono dui casteleti lon-
tani circa uno miglio, sono a la medesima condi-
tione de li sopra nominati, se potria unirli con l'an-
tedicto castelo de San Landezo et fare una medesima
jurisditione. Haveria ETIAM *el salario de Monte Gra-*
dolpho, che sono ducati 3, che sono in tutto ducati
12, et altri emolumenti convenienti che lui avanze-
ria nel ministrar de la iustitia. Et el canzelier non
se havesse a impedir in notare alcuno acto ne le
cause che sono da lire 2 in gioso; ma che 'l nodaro
electo per dicti homini havesse ad expedir et exe-
quir la utilità de quelli, secundo el consueto. El po-
destà haveria bona habitatione in rocha, ne la
quale habitò la moglier del magnifico Roberto. Sa-
ria ETIAM *a proposito havere uno prudente gentil-*
homo in quello locho, per esser a le frontiere et
ben populato. —

14 SANUDO, Tomo cit., pag. 681, 684 e segg. — La
orazione di Giov. Antonio è accompagnata da una
lettera di lui a Marin Sanudo. Dell' orazione ecco
alcuni tratti: — *Patria nobis est, serenissime Prin-*
ceps et patres amplissimi, Saluditium oppidum (nuova variante del camaleontico nome), *et loci opportu-*
nitate, et hominum industria atque ingenio, nequa-
quam contemnendum; nam et plures illic qui sese
bonarum artium disciplinis dederunt excolendos
invenies quam in quacumque alia finitima civi-
tate et maiori et nobiliori (nota, di passaggio, il
relativo *quicumque* usato per semplice indefinito e
questi ablativi in *i*); *...nam et qui divina poeti-*
ces studia sequantur, et qui rhetorum campos
amplectantur, et qui dialecticorum spineta adi-
scant (?, forse *adeant*), *et qui sese asperioribus*
illis legum musis dedant, nostro illo in oppido
multi inveniuntur.... Quod igitur in tam religiosi,

imo divini Senatus gremium decenimus — cuius tu
es duæ atque princeps, augustissime ac serenissi-
me Leonarde Lauretane omnium virtutum genere
ornatissime, — ut tranquillam posthac vitam et ab
omni bellorum turbine tutissimam acturi simus,
immortales Deo Opt. Max. gratias agimus, vobis
deinceps, sereniss. Princeps et Patres amplissimi,
iustitiae probitatis religionis ceterarumque omnium
(forse virtutum) vicentes quaedam quasi imagines
spirantiaque simulacra, quibus persuasum esse ora-
mus, oppidum nostrum, quantulumcumque est, of-
ficio observantia fide nulli totius imperii vestri ci-
vitati, tamquam si (?) maximae, unquam cessu-
rum. — E a questi periodi sono, con gusto un po'
barocco, intrecciati dei versi. Ecco la gioia dei Saludecesi alla nuova di essere venuti nella dominazione veneta :

> *Certatim omnes tollebant ad sidera Marcum,*
> *Et fora templa domus resonabant omnia Marco.*
> *Et nos Marcus habet, respexit denique Marcus*
> *Nos quoque; felices erimus sub nomine Marci.*

Ecco esaltata la virtù de' Veneziani :

> *Vos decus Italiae Veneti, tutela labantis*
> *Vos fidei, Christi vos suevis hostibus olim*
> *Viribus obstatis, quotiens irrumpere tentant*
> *In Latium; accessissent dudum, vestra retrudit*
> *Sed virtus rabiem. Christi defenditis urbes*
> *Vos, Veneti patres, Venetos defendet et Ille.*

Di Giov. Antonio il BRUNET (*Manuel du Libraire* etc.)
cita un — CARMEN AD INVICTISSIMUM CAESAREM MAXI-
MILIANUM. *In aedibus Joannis Winterburg Viennen-*
sis.... Anno M.d.ix (1509) *Die X maii.* pet. in-4.
de 12 ff. —, e aggiunge; — *Opuscule peu connu, dont*
la Bibliotèque impériale conserve un exempl. sur

VÉLIN. — Il GRAESSE *(Trésor de Livres rares et précieux)* ricorda di più dello stesso autore: ORATIO DE AMICITIA (Vienna 1510); ORATIO DE NATIVITATE DOMINI, ULYSSES (ib.); ORATIO AD CAROLUM V IN MART. LUTHERUM (Romae, Mazocchi 1520, in-4). — Vidi, a Padova, quest'ultima orazione. Del resto, potrebbero bastare i pochi periodi su riportati a dimostrare che, se il Modesti Giov. Antonio fu latinista, non sempre fu scrittore sicuro e di gusto fine. E nemmeno Publio Francesco può aver nome di insigne prosatore latino nel tempo dei Mureto e dei Manuzio: al suo stile manca sobrietà, nè la sua lingua è senza sviste curiose; per un esempio, egli crea il deponente *expostulari*. Migliore e più disinvolta parmi la prosa del Serico, ma nè questa pure affatto aurea: *plures Deciorum imagines inspexi,* l'abbiamo udito dire, dove il *plures* non ha il suo vero significato comparativo.

Ma, risalendo dalla pedanteria alla storia, trovo nuovamente ricordati dal Sanudo, a' 20 gennaio e a' 13 febbraio 1504, i *capitoli* proposti dagli oratori di Saludecio; e colla data appunto del 16 febbraio 1504 (o, ch'è lo stesso, 1503 *more veneto*) rimangono nel poverissimo archivio saludecese quei *Capitula* colle rispettive *Responsiones.* In essi l'oratore, che il Sanudo chiama *Zuan Antonio,* diventa *Ieronimus* (?) *Antonius Modestus,* l'altro che il Sanudo tace, appare essere *Gregorius Agnelutius.* Dopo l'introduzione dogale — NOS LEONARDUS LAUREDANUS etc. etc. —, così cominciano le domande e le risposte: — IMPRIMIS *cum omni sumissione se dimanda et priega la Illustrissima Signoria de Venetia se degni ricever decti homeni nel numero degli altri sui fidel^mi servitori et subditi. Et, azò Loro cognoscano haver riceputo tal grazia, Dimandano che li sia constituito uno rectore, che sia uno de li pa-*

11

*tricii Veneti, sotto la justicia del qual se rendeno
certi esser ben gubernati. Il qual rector habia auctorità di cognoscer cause civile, criminale et dam-
ni dati quoiusmodi, et questo adimandano perchè
il dicto Castello è distante da Rimino XVI miglia,
che, per tal distanza et per li flumi sono mediante,
el più de le volte li homeni patino et stanno senza
governo di justicia.* Respondetur *quod antehac eos
pro carissimis et fidelissimis nostris acceptacimus,
et circa rectorem fiat ut petitur.* Qui eis jus et ju-
sticiam ministrare habeat tam in civilibus quam
in criminalibus citra tamen poenam sanguinis: *ap-
pellatio autem sententiarum suarum devolvatur ad
rectorem nostrum Arimini, et sententiae, quae ab
ipso rectore nostro laudatae fuerint, firmae rema-
neant et inappellabiles.* — Se non che, non a Saludecio piaceva di avere questo rettore veneziano, ma
piaceva a Venezia di mettercelo: ciò risulta chiaro
dal confronto di questa domanda coll' antecedente
relazione del Valier (v. nota 13), e dal fatto che i
Saludecesi furono di questa disposizione malissimo
contenti. Scrive il Sanudo, al primo marzo 1504: —
*Vene (in Collegio) Sier Vetor Dolfin, ca proveditor
a Salodezo, e poi uno di oratori,* videlicet *Zuan
Antonio...., e in conformità referino quel conta' di
Arimino, qual hanno li soi oratori qui, non esser
ben contenti di la Signoria, et hanno ditto presto
anderanno oratori al papa etc. E si doleno di lui e
dil compagno di aver dimandà proveditor venitiano.
El principe lo laudò.* — Chiaro è dunque che i capitoli erano modificati dai compiacenti oratori secondo il volere della Signoria, o anche rimaneg-
giati da questa coll' assenso di quelli. Alla prima seguono tredici altre dimande, ma, per discrezione, ne
riporto due sole: — Item *che niuno Hebreo possa
habitar in dicto Castello nè sua corte, salvo che a*

beneplacito de epsa Comunità. RESPONDETUR *quod fiat, et, quando colent habere Hebraeum, interceniat etiam consensus Dominii nostri....* ITEM *azò quelli, che hanno animo de dare opera a li studii, cum più animo et sollicitudine se li metta, se dimanda che loro possino condur frumento vino olio et altre cosse per suo vicer a Venecia o Padua senza alcuno pagamento et datio.* RESPONDETUR *quod circa tale capitulum erunt ad conditionem aliorum subditorum nostrorum.* —

[15] Più volte s'incontra nel Modesti questa improprietà del *salire* latino (che vale propriamente il nostro *saltare*) usate nel senso dell'italiano *salire, ascendere.* Tali osservazioni in seguito farò assai raramente, chè l'atfeggiarsi a maestro de' tanto migliori di sè è mestiero che poco alletta.

[16] Non molto felicemente d. Ant. Fronzoni, già arciprete di Saludecio (uomo dotto, del resto, e al quale debbesi la conservazione, in una sua *Vita del b. Amato Ronconi,* di alcuna di queste notizie), traduceva nel 1804, in istrofe tetrastiche di settenari, questa elegia. Non come più bella, ma come più fedele pongo qui una versione nuova ristretta alle parti recate nel testo.

Santo che nostro un tempo, che or sei cittadino del cielo
   O del tuo Saludecio speranza e salvamento,
Cui la religïone purissima amabil rendeva,
   Onde ti venne il nome che per le etadi suona;
Cui, di modico cibo contento e di scarsa bevanda,
   E sonni e caldi e geli fu 'l soffrir costume;
Che, le lusinghe umane sdegnando e g!'inutili onori,
   Al ciel per una vita povera ricco ascendi;
Che, con assiduo piede segnando lunghissime vie,
   Visiti i templi, e domi col faticar te stesso:

Che gitti sovra i raggi del sole disteso il mantello,
  E i comandati raggi portano il novo incarco;
Che a l'indigenza assegni, perch'ella in suo prode li adopri,
  E campi e casa e quanto t'avea lasciato il padre,
Sì che degli agi tuoi si gode ogni errante straniero,
  Le vedove, i fanciulli, le vergini mature;
Che or, ne l'eterea reggia beato, l'alta, che un giorno
  Per te stesso invocavi, rechi ad altrui; Amato,
Oh! de'tuoi cittadini proteggi la stirpe devota,
  Che il corpo e l'ossa tue supplicemente onora.
O che a l'arti diverse ponghiam ne la patria gl'ingegni,
  O che ci stremi fuori la villa e la milizia,
Annua ubertà fecondi le dolci campagne native,
  Gareggino dei loro doni la vite e il solco;
Sien pomi ed olio; sia gran copia de l'utili biade,
  Stabile sia la pace che ogni altro ben coroni.
Sia lieta, sia felice la sposa nel parto frequente;
  Ossequïosa a' padri cresca la nova prole:
Mite agli armenti il cielo, ridondi l'armento di madri,
  A contener suoi greggi non bastino gli ovili.
Così più onore avrai, più bel ti fia posto un altare,
  E ben sarai nomato de la tua patria padre.

[17] È prezzo dell'opera trascrivere dal vol. 24, ancora inedito, i tre luoghi del Sanudo. — (carta 267) *A dì 14 luio.* (1517) *In questa matina vene in collegio uno pre' Francesco Modesto ariminese alozato dal prior di la Trinità con uno breve del papa a la signoria nostra drizato in sua racomandatione, poi una lettera del cardinal di Grassis* (Achille Grassi) *suo patron: demum lui disse come da bon sercitor e afcionato a questo stado havia composto in versi heroici dieci libri in laude di questo stado comemorando le historie passade fino ala liga di Cambrai, et conosendo esser cossa grata a la signoria nostra compirà la sua historia, racomandandosi, il principe col collegio li fece bona ciera dicendo l'opera sarà vista, cometendo a ser Francesco Bra-*

*gadim savio dil conseio la cedi, et poi si cede-
rà di darli qualcosa etc.* — (carta 287). *A dì 28
luio. Da poi disnar fo audientia di la Signoria e
savii, e ser Francesco Bragadim savio dil conscio
referì di l'opera Venetiada fata in versi heroici per
domino pre' Francesco Modesto ariminese, qual fu
comessa a lui a vederla, et disse meritava esser
premiato, et fu concluso scriver una lettera* (al-
l'oratore) *in corte, interciedi per nome di la Signoria nostra di darli beneficii al dito in remuneratio-
ne per ducati 300, e si meterà la parte, videlicet
sul nostro.* — (carta 327) *A dì 19 agosto. Fu leto il
brieve dil papa zerca la recomandatiom di quel Domino Francesco Modesto ariminese, à fato in verso
heroico la Venetiada in laude di questa terra, et lo
ricomanda, item una lettera dil cardinal di Grassis in tal materia. Fu poi posto per li consieri, cai
di 40 e savii: una lettera a l'orator in corte, interciedi dal papa ducati 300 di beneficii, ne la di-
zion nostra, li libri etcetera; ben ditada la lettera,
ave 18 di no, et fu presa; et fu bella cossa, il papa
ge lo ricomanda a nui, e nui lo rimandemo al
papa a premiarlo.* — 161 - 18 - 1. — La lettera non
fu dunque scritta, come dice il Cicogna, a' 30 agosto, ma a' 19, e inviata colla data del 20 come si
vede presso mons. Villani che la riporta (*De vetusta
urbe Arimini, ete; mss.) In essa lettera, ben ditada* fino a un certo segno, la *Veneziade* è felicemente
chiamata *opus sane luculentum et foecundi pectoris,*
e l'autore è detto *homo modestissimus,* al quale, e
per tale modestia e per l'affetto che mostra, il Senato dice di voler prontamente giovare; e però coman-
da all'oratore che, offerendosi l'occasione, suppli-
chi il Papa di decretare che i primi benefizi vacanti
nel dominio veneto sieno conseguiti dal Modesti, e
ciò senza niuna controversia, poichè le cose, che

agli studiosi e a' poeti si assegnano per rendere più
agiata la loro tranquillità, non debbono divenire per
essi argomento di brighe. Belle teorie e buone disposizioni; ma quanto efficaci ?

[18] Il Tiraboschi scrisse per isbaglio 1501, e lo sba-
glio passò in qualche dizionario biografico.

[19] Questo breve ha la data dell' XI novembre 1521.
Eccone il primo periodo : — *Omnibus his, qui noca*
Authorum opera ad communem studiosorum utili-
tatem publico donare laborant , paterno affectu fa-
cere et specialem gratiam facere cupientes, ea li-
benter ac favorabiliter concedimus, per quae et ipsi
industriae ac laborum suorum huiusmodi fructum
aliquem capere et alios ad similia faciendum vehe-
mentius incitare possint. — La parte dispositiva so-
miglia a quella di tanti altri brevi: per l' *Orlando*
Furioso la multa, se ricordo bene, fu stabilita in
100 ducati ogni copia. In una raccolta delle lettere
scritte per Leone X dal Sadoleto cercai inutilmente
questa.

[20] — .....*Quaedam offendes per totum Opus de-*
pravate transcripta ab impressoribus. Nulla enim
cura cavere potui, quin indoctorum artificùm opera
mille erroribus scateret, quos nuper a me prope-
ranti recognitione deprehensos, quo tu facilius ce-
ram lectionem possis instaurare, visum est singu-
los, qui foediores saltem incenti sunt, per seriem
notatos, in fine Operis tibi proponendos. — Così
preavvertiva Sebastiano, il quale poi, in fine del-
l' *Erratorum Index*, aggiungeva che gli errori più
piccoli o di ovvia correzione, come i dittonghi e le
aspirazioni in più o in meno, erano lasciati al discernimento del lettore. Di alcuni errori è curiosa

la costanza: *saecire* e *saecus* sono, credo sempre,
scritti con *sc*, il che fa pensare alla pronunzia gras-
sa della *s* in alcune parti di Romagna.

[21] Due sono le dediche, perchè, morto il Loredano
quando la dedica a lui era già pronta, dovette il
Modesti farne un' altra pel novo doge Ant. Grimani,
ma ciò senza distruggere la prima, anche per essere
i fatti, ond' è materiata la *Veneziade*, avvenuti sotto
il dogato del Loredano.

[22] Non vi è adoperato altro verso che l'esametro.
Nella forma e nella materia di queste opere minori
il Modesti non rivela alcun lato nuovo del suo ingegno.

[23] Il Vitali stiè poco a Rimini, dove non istampò
altro che l' opera del Modesti. — V. la *Memoria* di
L. Tonini *sulle Officine Tipografiche Riminesi.*

[24] Io credo che la data del MDXXII, posta sotto
a' due ritratti, indichi l' anno in cui furono fatti
quelli, non già l' anno in cui il Modesti fu *annuo
amploque censu donatus:* la pensione, abbiamo visto, gli era stata, se non donata, decretata fino dal
1517. Del resto, quel manoscritto non è un interprete
o un testimonio affatto sicuro: ivi si afferma essere
stata la Veneziade *tanto apprezzata da Leone X,
che la teneva fra i suoi libri pel più caro;* pietosa
iperbole che non farebbe soverchio onore al Pontefice: se non che fino a mezzo il novembre del 1521
la stampa del poema non era compiuta, anzi in fine
all' *errata-corrige* si legge la data *IV Cal. Decemb.*,
cioè, se non erro, precisamente il giorno che Leone
infermava; il primo di decembre egli moriva, e forse
la Veneziade giungeva a Roma proprio quel giorno!

²⁵ Questa rarità è cosa vera, ma fu esagerata. Io, senza avere di certo fatte in proposito tutte le ricerche possibili, ne conosco più che una dozzina di copie. Oltre a quella, incompiuta, che è in Gambalunga, due si trovano alla Comunale di Bologna e una all' Universitaria, una a Milano (Brera), una a Firenze (Nazionale), una a Venezia (Marciana) e a Padova (Seminario) e alle Comunali di Verona e di Mantova. Una copia è a Roma, non ricordo in quale biblioteca. Una è in mano di privati a Rimini, un'altra a Saludecio. Una ne posseggo io. — Quanto alla soppressione, i bibliografi, sia che l'ammettano (V. Peignot), sia che la neghino (V. Renouard), non recano sicuri argomenti. Il Brunet e il Graesse citano la quistione senza risolverla.

²⁶ Riferisco il luogo del Sanudo, vol. 33, carta 51. — *A dì 23* (marzo 1522) *domenica terza di quaresima: la matina vene in collegio domino pre' Francesco Modesto da Rimano qual à composto una Venetiada in versi in laude di questa città, intitolata al serenissimo Lauredano, etiam a questo principe, et apresentò l'opera, qual il dose l'aceptoe, poi fo leto una suplicatione, dimandava per poter seguir il componer per uno suo fratello la cancellaria di Este per alcuni resimenti, et cussì si meterà la parte nel conseio di Dieci, et incero merita esser premiato.* — Le ricerche da me cominciate sui manoscritti sanudiani furono proseguite da persona che di quelli ha pratica grande: ella mi scrisse che, *esaminatili scrupolosamente pagina per pagina* sino a tutto il 1527, non vi aveva più trovata menzione alcuna di *domino pre' Francesco Modesto.*

²⁷ E con che forza si lamenta! e con che sdegno

toglie commiato dai signori Veneziani! Comincia dicendo di aver ben provato dopo tante inutili brighe *(post multos frustra ambiendo exhaustos labores)* quanto sia giusto il verbo della Sapienza: — *Nolite confidere in Principibus.* — E soggiunge: *Neque tamen propterea velim quemquam fortasse suspicari, munera me ab eis gratis impendenda eorumce simpliciter in me liberalitatem, ac non potius vigiliarum mearum praemia (ne mercedem dixerim), per eorum senatum iamdiu mihi promissa ac decreta, petiisse.... Quare valeant iam mihi demum cum omnibus thesauris suis opulenti Veneti, in me et iniusti et, supra quod dici possit, illiberales. Ego enim sive spretus, quod aequo animo ab artium mearum ignaris fero, sive cognosci dissimulatus, quod avaris animis facile condono, Ariminum ad dilectum ex sorore Nepotem meum non secus ac filium Joannem Baptistam, cum primum navigandi tempus dabitur, revertar.* — Lette queste parole, chi vorrà credere che il Modésti toccasse mai dalla Repubblica pur l'ombra di un ducato ?

28 Queste cose narra l'autore nella sua Epistola alla Regina di Francia, innanzi al *Sylvarum liber.*

29 SERAFINO MAZZETTI, *Repertorio di tutti i Professori dell' Università di Bologna,* al n. 2124: — *Modesti Giovanni Antonio forestiere. Fu Lettore di Rettorica e Poesia dal 1512 per tutto il 1515-16.* — Forse dopo quest'anno cessò, per essere stato il card. Grassi costretto dal furore delle parti a lasciare Bologna. (V. Fantuzzi, t. IV., p. 230). Morì Giov. Antonio a Saludecio nel 1523.

30 V. TIRABOSCHI. *St. della Lett. It.* Dall' a. MD al MDC, lib. 3, c. 4, §. 3 e 8.

31 *Lettera dell'Ab. Gaetano Marini al Ch.ᵐᵒ Mons. Giuseppe Muti Papazurri già Casali, nella quale s'illustra il Ruolo de' Professori dell' Archiginnasio Romano per l'anno MDXIV.* (Roma, Puccinelli, 1797). Pag. 72, in nota.

32 Abbiamo questo particolare da Giacom' Antonio Modesti nipote e successore del poeta. (V. Bollando *die VIII maii*, dopo la vita del b. Amato).

33 Relazioni degli Ambasciatori Veneti al Senato, pubbl. da E. Albèri Sez. 2ª, vol. 3.º

34 Il Sanudo (vol. 24, carta 268) inserisce nella sua integrità questo breve, cui, massime perchè inedito, mi sembrò prezzo dell' opera trascrivere. — Duci VENETIARUM LEO PAPA X.ᵐᵘˢ *Dilecte Fili salutem etc. Inducti odore singularis doctrinae et virtutis dilecti filii Francisci Ariminensis, quem pridem carmine heroico plurimum praestare noveramus, ipsum nuper libenter vidimus et audivimus dignumque gratia nostra atque favore iudicavimus. Cum enim carmine huiusmodi heroico praeclarum quidem opus, quod Venetiada inscribit, de venetis rebus composuisset et propterea istuc se collaturus esset, ipsum opus tibi dicaturus, duximus eum Nobilitati tuae commendandum, hortantes in Domino ac paterna charitate requirentes, velis hominem hunc tali doctrina praeditum ea benignitate et gratia prosequi, qua probos et litteratos complecti soles. Erit enim nobis id plane gratum; et in eo ipso tu benignitatis tuae documenta continuabis. Dat. Romae apud Sanctum Petrum sub annulo Piscatoris die XIII Junii MDXVII. Pont. nostri anno quinto. Ja. Sadoletus.* —

35 L. Gr. Gyraldi — *De poetis suorum tempo rum* —, verso la fine.

36 Libro citato, in fine.

37 Nella cit. *Memoria sulle Officine* ecc. — Non cito tra i lodatori del Modesti il Serico, che fin dal 1518, nella *Vita del b. Amato*, aveva accennato a lui con le parole: — *Quidam nostri temporis Vates non ignobilis, cuius nomen ideo subticeo, ne meis nimium videar facere, cum propediem aetas nostra miris illum sit laudibus prosequutura....* — (non *prosequuta*, come scrisse il Fronzoni e altri); non lo cito, appunto perchè compaesano e cognato del poeta (avea in moglie la sorella di lui Bartolommea).

38 Libro terzo.

39 G. Gozzi. *Sermone al Foscarini*; N. Tommaseo, *Gasparo Gozzi, Venezia e l'Italia de' suoi tempi*.

40 Trovo con piacere che anche l'illustre Zanella, sì caldo estimatore del Conti, afferma che in questo *Proteo* « *l'erudizione soffoca la poesia.*» Nel suo studio *Ales. Pope e Ant. Conti*. (N. Antol. vol. LXIV, o *Paralleli Letterari*, Verona, Münster 1884).

41 Veramente nel 1764 il *Mattino* era già pubblicato da un anno, ma è da ricordare che il poemetto del Farsetti si stampava allora per la seconda volta. A ogni modo, fino al '65 non uscì il *Mezzogiorno;* altrimenti, si crederebbe che i versi

> Poi che tre volte folgorò, tre volte
> Scosse dal centro la gran madre antica,

fossero un'eco dei pariniani

Tre volte rotolò, tre volte scosse
Gli scompigliati peli.

Curioso riaccostamento: Giove fulminante e la *vergine Cuccia!*

[42] Reco l'originale latino di quest'ultimo periodo, a riprova dei difetti che ho altra volta notati nella prosa modestiana: — *Ecce duodecim laborum meorum, qui me iam fere non pauciores per vestras laudes exercent annos, columina affero, Vobisque ac Imperii vestri Gloriae dedico consecroque, perpetuos (ni spes et opinio fallat) observantiae in vos Venetumque nomen meae testes et monumentum.* — Che faticoso contorcimento in questo abuso di trasposizioni e interposizioni!

[43] Il decreto del Consiglio dei Dieci, con cui, morto il Navagero, si dava carico al Bembo di seguitare la Storia Veneziana del Sabellico, è del settembre 1530.

[44] V. tomo 7°, alle date 28 febbraio (1508), 4 marzo, 30 maggio e altre moltissime. — Qui non posso tenermi di recare il bel tratto del Navagero. — *Saepe ego mecum (quod et vestrum cuilibet saepenumero evenire arbitror) ea, quae de veteribus memoriae mandata sunt, repetere soleo. Quum magnos illorum temporum viros ante oculos mihi proposui, praeclaros quidem multos, multos omni laude dignos invenio: sed unus est C. Caesar quem admirer, ac fuit quum multa, quae de eo dicerentur, ficta esse arbitrarer, neque tot tam diversorum generum virtutes cadere in unum hominem posse censerem. Hanc mihi Barthol. Licianus incredulitatem ademit. Caesarem ille omnibus, quicumque unquam fue-*

*runt, Imperatoribus anteponebat; Caesarem ma-
xime imitabatur. Felicitatem assequi eius non po-
tuit (neque enim hoc in nobis est): virtutes ita as-
secutus est, ut nemo unquam illi similior fuerit. —*

45 Sono più di 2800 esametri. — Al Modesti do-
vettero giovare le *Vite dei Dogi* di Marin Sanudo
(le pubblicò nei *Re. It. Scr.* il Muratori); e però, al
principio del libro decimo, fa che il Loredano, innanzi d'imprender la narrazione, avverta:

*Cura autem studiis si quem flagrantior urat,
Ut nihil in dubia patiatur nube relinqui,
Sannuti ille adeat vigilis monumenta Marini,
Unde omnem historiam per singula doctus habebit;
Namque nova et vetera Imperii late acta reponit:
Nomina nos tantum et vix rerum stringimus umbras.*

46 *Ueber den Gebrauch des Chors in der Tra-
gödie,* come prefazione a *die Braut von Messina.*

47 *Plus laudis erat laturus, si materiam sacram
tractasset aliquanto sacratius.* Nel *Ciceronianus.*

48 In queste materie, io credo, si ragionava allora per circoli. Così i *Corner* si latinizzavano *Cor-
nelii,* perchè si tenevano derivati dalla *gens Cornelia,* ma, viceversa, si tenevano derivati dalla *gens
Cornelia,* perchè si chiamavano *Corner!*

49 Oh la varietà dei giudizi umani! Scriveva,
non senza enfasi, il Tommaseo *(Diz. d'Est.):* — *Uno
degli uomini più immeritevolmente ignorati dalla
sconoscente dottrina e dalla povera eleganza odier-
na, è Girolamo Vida; poeta, cittadino, amico, vescovo degno; che in secolo d'ire codarde e di sozzi
desiderii amò fortemente le forti cose; e scrisse,*

pregò, combattè.... Gli Inni, tanto più alti di que' di Callimaco, ecc. — E, non senza ingiustizia, U. A. Canello *(St. delle Lett. It. nel Sec. XVI):* — *Alcuni adornamenti fantastici, quale il concilio de'demoni nel libro secondo (della Cristiade) e la discesa degli angeli in aiuto di Cristo nel quinto, si intrecciano alla riproduzione minuta e rigorosa di tutti i racconti dei quattro evangelisti, e tentano invano di tramutare in poema un racconto freddo, sconnesso, notissimo sotto forma più conveniente. Il Vida difettava quasi del tutto della vera potenza poetica.... Al Vida, più ancora che al Sanazzaro, manca l'ispirazione....* — Certo, è uno dei vecchi pregiudizi letterari, e dura ancora purtroppo, che, a scrivere poesia in lingue morte, occorra tutto fuorchè la poesia; ma prima di applicare ciò, anche in parte minima e con rispetto massimo, al *Vida cremonese,*

D' alta facondia inessiccabil vena,

c' è da esitare: l'Ariosto di facondia e di vena s'intendeva troppo.

[50] *In obitum Borgetti catuli,*

> *Erectis modo cruribus bipesque*
> *Mensae adstabat herili heroque ab ipso*
> *Latratu tenero cibum petebat.*
> *Nunc raptus rapido maloque fato*
> *Ad Manes abiit tenebricosos.*
> *Miselle o canis, o miser catelle,*
> *Nigras parvulus ut timebis umbras!*
> *Ut saepe et dominum tuum requires!*
> *Cui pro deliciis iociisque longum*
> *Heu! desiderium tui relinquis.*

[51] Avevo scritte queste parole e quasi terminato il

lavoro (di cui diverse e involontarie cagioni tarda-
rono la pubblicazione), quando uscì l'opera intorno
— *La coltura letteraria e scientifica in Rimini dal
sec. XIV ai primordi del XIX* — dell'egregio Dot-
tor Carlo Tonini; nella quale a suo luogo si parla
del Modesti con lodi non minori certamente delle mie.

———oo⟩●⟨oo———

LA VENEZIADE.

LIBRO PRIMO.

(PROTASI E INVOCAZIONE.)

Canto Venezia, che, levando ardita
Dagli equorëi flutti il nobil capo,
Gli abitatori 'd' ogni parte accorsi,
Piene di sè le terre e le marine,
Alfin col grido le stellanti aggiunse
Vôlte del ciel, ne l'arti della pace
E ne' trofei di Marte glorïosa.
Benigno Nume, che di lei ti prendi

Res Venetas canimus, pelagi quae fluctibus ausae
Tollere honorandum populis caput undique latis,
Post maria ac terras, post plenum laudibus orbem,
Stelliferos tandem fama saliere[1] sub axes,
Artibus illustres pacis, bellique triumphis.
Tu Deus, has felix qui pacifer Ales easdem

1 Vedi le Note in fine.

Cura, e l'onor di lei su l'ala bionda
In alto rechi, tu che vinci al canto,
Onde il Rettor de l'universo esalti,
E Bacco e le Camene ed esso Apollo,
Dammi lena e poter. Nessun più giusto
Proteggitor de l'opra, ov'io mi volgo
Le geste a dir di tua città, scendendo
Per variar di fati e di costumi
Da quei, che primi qui drizzâr le prore,
A nostra etade: età, che sgominata
Si compiange de' popoli e de' duci,
Cui Marte fiero al Tartaro travolse,
Poi che, i freni a' terribili cavalli
Abbandonando, empiè di sangue i liti
E di tumulto furïoso il mondo.

Protegis, ac rutila Gentis decus ecehis ala,
Quique Deum, qui rex nutu regit omnia, vates
Ipse canis Baccho et Musis et Apolline maior,
Da mentemque orsumque Pater. Non justius alter
Hoc insistat opus; cantu quando ordior Urbis
Gesta tuae, primos repetens ab origine ductus
Per fata et mores ad nostri tempora saecli,
Quod stupet attonito questu populosque ducesque,
Turbine quos rapuit stygio Mars impius Orco,
Ut semel horrisonas late expaciatus habenas
Terrificis immisit equis, terrasque cruore
Sparsit, et insano populavit cuncta tumultu.

Ardua l' impresa, a le Castalie ignota
Ancor; la via di niun vestigio impressa.
Pur io, stupito che l' agon sia vôto,
E del fiorente allôr desideroso,
Primo verso la mèta il corso audace
Tra la tepida polvere drizzando,
L' alta sete d' onor non disconfesso:
Ma, se duce non sei, l' ardir si flacca.
Or, se con furto pio da proda egizia,
Auspice te, te per nascose vie
A' nostri templi addusse itala barca,
A chi prende a solcar tanta marina
Ministra i remi ed apparecchia il porto.
Nè te del giusto onor lascierà privo
La mia fatica, ma di gemme e d' oro

Ardua res, et adhuc quam non tetigere Sorores
Castaliae; clivus, quem non prior orbita pressit.
Nos vero id stadium nullo currente patere
Mirati, hanc palmam primi affectamus anheli;
Primi et ad optatam calido sub pulvere metam
Pulchrum iter audentes, laudum ecce fatemur amorem.
Sed, sine te, ingenti vis futilis excidat ausu.
Proin, si fraude pia phario te littore raptum
Furtivas molita via ratis itala, et, ipso
Auspice te, nostras ad templa advexit in oras,
Huc ades, et tantum pelagi sulcare parantem
Suffice remigiis ac portu siste petito.
Nam neque te merito labor hic fraudarit honore,

Per te gran Tempio scintillar vedrai,
Quando con te la mia volante musa
Ritroverà le venete lagune.
Nè più indugiar, chè zeffiro ne invita:
Sciogli sciogli le funi, e mi concedi ,
Mio Castore gentil, facile corso.

Troia, come la Fenice, rinasce dalle sue ceneri :
Troiani fondano Roma, Troiani Venezia. Al crescere
di questa, Giunone sente rincrudire la vecchia ferita.
Che le giovano i nomi di sposa e sorella di Giove, di
Regina de' Numi, se, dove l'altre Dee fanno di pic-
ciole colpe grandi vendette, ella non può ancora di-
sfarsi d'una razza odiosa, ma, a suo dispetto, caduta
Troia, sorge Roma e, decaduta Roma, Venezia? Pure
alla fine, dovesse cedere a Semele il proprio letto,
vuol esser contenta.

LA CASA DELLA FAMA.

Così la Dea nel gonfio cor parlando,
Venne a la Fama, cui la magion sorge

Sed lucem et gemmas rutilare videbis et aurum
Templa tibi, augustum Volucrem quum praepete penna
Pieris ad Venetas mea te comitabitur arces.
Rumpe moras, vocat en zephyrus: jam littoris oram
Solve manu, et facilem Castor bonus annue cursum.

      (v. 121-154)

Haec ubi flagranti secum Dea corde loquuta est,
Famam adit: huic medio orbe domus, paria unde
                              (relinquunt

De l'orbe in mezzo, sì che d'ogni lato
Di mar di terra e di stellato azzurro
Ha spazi eguali. Quella casa è cinta
Di metallo vocal contesto a rete,
Che i suoni accoglie e, facil via schiudendo
Per tutto a l'aure, sta, di muri in vece,
A sostentar i concavi soffitti;
Ond' Eco ogni romor ripete, a l' Eco
La parte inferior tutta fremendo.
Entrano là per cento porte i detti
L'opre i pensier di quanti vivi ha il mondo:
Ambigue voci e chiacchiere loquaci
E rumori sonori e mormorii,
Per tante schiuse orecchie penetrando,
Da tante lingue là si ripercotono.

Et maria et terrae spacia ac fulgentia caeli
Sydera. *Vocatis circum vis multa metalli*
Contexta in retis morem, quo pervia voci
Tota sit, et facili penitus penetrabilis aurae
Concava pro muris tecti laquearia fulcit,
Undè repercussis ciet omnia vocibus Echo,
Et domus inferior strepitus responsat ad omnes.
Centum aditus huc cuncta ferunt, quae quisque loquatur
Seu gerat aut tacitus vario meditetur in orbe.
Ambiguae voces et garrula verba recursant,
Rumoresque fremunt vulgo mussantque susurri,
Auribus illapsi patulis crebra undique lingua.

La finzïon va intorno, e ne le vesti
E nel fallace volto imita il vero,
E intorno vanno in compagnia le certe
Con le bugiarde nuove a mille a mille,
Ottimati e plebei del gran palagio.

Ma la garrula Iddia, seduta in alto
A l'aereo balcon, cupidamente
Ogni strepito sugge, ogni susurro,
E, più che non udì, ridice, e crea
Di picciolo sentor timori immensi.

Non è trapunto d'oro il suo vestito
Nè lucente di porpora o di seta;
Ma tutta copron lei l'ali sonore
Con le penne loquaci, e, quasi veste,
Fino al piede le scendono, ed argute
Trémolano pe' zefiri le penne.

Hic verum assimilans habitu facieque pererrat
Mentita fictum, [3] *mille et mendacia rerum*
Cum certis socia incedunt per limina passim,
Plebs magnae proceresque domus. Studiosa loquendi
Diva sub äeriis semper sedet alta fenestris
Et cunctos strepitus ac devia murmura captat,
Auditis et plura refert, ultroque timores
Auget et e minimo commenta per irrita crescit.
Non auro hanc rigidae vestes, non serica texta,
Vellera nulla tegunt tyrio saturata veneno:
Multisono alarum sed totam vestit amictu
Pluma loquax, zephyrique argutae ad flamina pennae

Sovr' esse in alto librasi e, qual cosa
Oprasi mai nel sottoposto mondo,
Nota, nè chiusa serba in suo segreto.
Ha tanti volti e tante lingue, ha tanti
Occhi senza mai sonno e aperte orecchie;
Quante adornan la reggia del Tonante
A mezzanòtte lucide fiammelle,
O quante, allor che si rinnova il bosco,
Pendon dai rami verdeggianti foglie.

Chiede Giunone alla Fama, che l'aiuti nuocere a' Veneziani, spargendo a' quattro venti che quelli, se non siano nel loro crescere soffocati, torranno la libertà al mondo intero. Ubbidisce la Fama e, più rapida di stella cadente, fende le nubi, e, ferma sul vertice dell'Appennino,[4] tutte le penne agitando, grida agl'Italiani, che servi saranno di Venezia, come già di Roma, se non svellano da radice il male nascente. Destasi un tumulto, la gioventù feroce corre all'arme, tutti giurano la distruzion di Venezia, e già dense le schiere scintillano al sole.

--- -- ---

Praetexunt, ceu palla, pedes; quibus acta sub Euros
Quod modo in occiduo factum cidet orbe recenset,
Nec sercare fidem curat. Tam multa mocentur
Ora illi et linguae, tot lumina nescia somni
Circumquaque patent auresque; quot alta Tonantis
Regia sideribus media sub nocte coruscat,
Sive quot apricis foliorum millia pendent
Arboribus, cum sylcam omnem prima induit aestas.

14

VENERE RICORRE A GIOVE PER VENEZIA.

Ed ecco che, al tornar da la sua Pafo,
Venere bionda, e a la magion d'Olimpo
Già dirizzando l'amiclèa quadriga,
Strepito d'armi ascolta: impaurita
S'arresta, qua e là volge gli sguardi,
E per tutto rimira orribil guerra
Apparecchiata, e pronti a scatenarsi
I fieri nembi e i fulmini di Marte.
Come talor di primavera addensa
Mille Noto ne l'àer nuvoli vani,
E s'ode rauco sibilar, nè ancora
Cade la pioggia, e la tenèbra cresce,
E già pel ciel guizzando le saette,
Orribile fragor gli uomini assorda;

(v. 251-260)

Ecce autem paphio rediens Venus aurea templo,
Ibat amyclea sedes super aethera biga
Sydereas; strepere arma notat, subitoque pavore
Fixa loco celerem huc aciem dispertit et illuc:
Prospicit horrendo jam cuncta tumescere bello,
Jam pendere graces nimbos et fulmina martis.
Ceu quum saepe cavas cerno Notus aere nubes
Inglomerat raucumque sonat, nec adhuc tamen imbres
Dejicit, ingeminat tenebras, et cuncta fragore
Territat, abruptis discinditur ignibus aether:

Così la terra di minacce piena
Vede Ericina, e nel suo petto stride
L' antica piaga. Nel pensier le corre
Giuno repente. « Ahi Giuno (grida), ahi Giuno
In Venezia, novo Ilio, or volge gli odî;
Giuno quell' armi diè, Giuno in mio danno. »
E rilasciate a' cigni suoi le briglie,
Più rapida del vento entrò nel cielo,
Ed, anelando dal profondo petto,
Impresso ne' sembianti il duol.de l' alma,
Innanzi corse al gran Rettor del mondo.

Si duole Venere al Padre che la danni a pianger
sempre: prima le tolse Troia, poi Roma, ora, dimen-
tico d' ogni promessa, vuol tôrle Venezia: ma, se ha
decretato che malamente finisca chiùnque si tenga
derivare dalla stirpe di Dardano , perchè s' indugia
egli in una lunga morte e non adempie con un solo
fulmine il decreto? Male tuttavia ciò compensa i Ve-

Omnia non aliter pallens Erycina minarum
Plena videt, flexum gliscit sub pectore vulnus.
Juno animum subito occursu mentemque momordit.
« Juno urget Venetos odiis, nova Pergama (dixit):
Juno mihi hic, Juno arma movet, Juno arma ministrat.»
Ilicet immissas cycnis ibi laxat' habenas,
Ocyor et vento astriferi subit atria caeli,
Ac simul ad mundi Dominum venit, anxia toto
Pectore et ex vultu praepandens vulnera cordis.

neziani della pietà loro; però voglia Giove a quelli
propiziarsı, dissipando i minaccevoli furori. Così
prega, coprendolo di baci odorosi. E il Padre, in-
chinandosi sulla cara guancia, dichiara inviolabili
le sue promesse, e, predicendo le vittorie e le gran-
dezze veneziane, rende a la figliuola securtà: indi
chiama San Marco, intento a dettare gli Annali Celesti, e gl'impone che, preso aspetto terribile, scen-
da a spavento degli assalitori di Venezia e a difesa
di questa, che solo è guerreggiata per la sua pietà
dai vicini, poichè, per questa pietà, egli vuole che
Venezia abbia comune con sè il governo del mondo.
Dice, e giura per Lete.

SAN MARCO SCENDE IN FORMA DI LEONE.

Allora Marco, ne la mente scritto
Il precetto divin, chiuse il volume,
Là dove l'opre del Tonante eccelse
Annoverava. Ond'ebbe vita il mondo?
Fu caso o fu disegno? o furo i quattro
Principî — e tutto derivò da quelli, —
Terra ed aria, acqua e foco? o de' principî

(v. 451-545)

Hic Dicus, mandata animo nam sancta fideli
Imbiberat, seponit opus, quo clara Tonantis
Gesta recensebat. Quae prima exordia mundi?[5]
Num sors, consiliumne paret? num quattuor illa,
An quodque ex illis, terra, aura, ignisque, liquorne?

Forse cozzo scambievole o concordia?
Fu de le cose intima forza, o furo
I lievi corpi, non palesi al guardo,
Natanti qua e là pel vóto spazio?
O l'informe Caós, certi confini
A le mischiate cose alfin prescritti,
Diè vita a l'orbe? O non l'onnipossente
Padre, in virtù del Verbo eterno seco,
Ogni seme creava ed ogni parto?
E a qual cardin fissò del mondo gli assi,
E a che s'appoggia d'ogni parte il globo?
Onde scoppiano i tuoni, e i venti soffiano?
Onde acqua e foco gittan fuor le nuvole?
E si scote la terra e gonfia il pelago?
Poi si dicea per qual mercè, ne l'alte

Num lis, num concors tenor, an eis intima rerum?
Num levia atque oculis non apparentia nostris
Corpora, et ambiguo per inane fluentia cursu?
Anne informe Chaos, praescripto limite rebus
Mistim confusis, nova semina venerit orbi?
An Pater omnipotens, Verbi virtute coacci,
Seminaque et foetus omnes procuderit olim?
Cardine tum rutilos quonam libraverit axes?
Mox quid pendentes suffulserit undique terras?
Unde crepent tonitrus? unde euri? unde imber et ignis
Nubibus excussus? tumeat mare, terra tremiscat?
Tum quibus Heroes sancti virtutibus, aedes

Sedi raccolti, i santi Eroi con Giove
A le mense del ciel libino il nèttare,
E quanti (ahi lungo stuol!) schiuse le labbra
A detti audaci o le promesse a' rei
Pene sprezzando, de l' irato Padre
Giacquer sott' esso il foco. Era suprema
Cura narrar del gigantèo trionfo:
Qual fu la mano e 'l cor di Giove, allora
Che, sotto gli amaltèi velli securo,
Da la rocca del ciel terribilmente
Fulminava, montagne armi ed armati
Rovesciando in un fascio: onde, le tempie
Inghirlandato di caonia quercie,
Vincitor ascoltò dai lieti Numi
Non consueti canti, e s' imbandiro

Admissi in superas, sacris accumbere mensis
Cùm Joce et ambrosium meruerunt ducere nectar.
Fulmine praeterea quot jam (quae longa caterca est)
Irati cecidere Patris, temeraria dictu
Aggressi et poenas scelerum aspernarier ausi. ·
Cura Gigantei seriem celebrare triumphi
Ultima erat; quae corda Jocis, quae dextra fuisset,
Tutus in olenii dum pectora tegmine tergi,
Acer ab aetheria tot fulmina mitteret arce,
Disjiciens molem et montes atque arma ferentes:
Ut sacra chaonia celavit tempora quercu
Victor, ut insolitos, Superis gratantibus, hymnos

Splendidamente le celesti mense,
Ne l' urne piene il nèttare spumando.
Ciò tralasciato allor, entra il Divino
Nel penetral di bronzo e dïamante,
Che in aria sorge, ove le Parche e Giove
Entrano sol, nè ardisçon gli altri Numi
Di porvi dentro non mandati il piede:
Ch' ivi in rigido acciar sculti si stanno
E dureran quanto il mondo lontani
I decreti fatali, ivi le leggi
Del cielo e i dritti, che ciascuno iddio
Con timorosa fedeltà rispetta.
Quinci Temi traea, quinci Dodona
E i tripodi febèi la conoscenza
De l' avvenir; quinci movean gli auspici
D' ostie sparate e di volanti augelli,

Audiit, et toto data sunt convicia caelo
Largius, ac plenae spumarunt nectaris urnae.
Haec referenda alias locat, et penetrale recludit
Ex aere et solido surgens adamante sub auras,
Parcarumque Iovisque adytum immortale, quod ipsis
Sit Superis metus injusso contingere gressu.
Quippe ibi fatorum decreta, excalpta rigenti
Sub chalybe, extremam stant orbis ad usque senectam,
Stant leges, stant jura poli, quae quisque deorum,
Relligione sacra nexi, temerare verentur.
Hinc Themis et tripodes Phoebi, hinc Dodona futuri
Hauribat mentem, fibrae hinc pennaeque monebant,

Quando per cotai vie, vinto da preci,
Al mortal manifesto si rendea
L' Onnipossente: ora non più, chè a l'alme ·
Ben supplicanti e di pia fede adorne
Più vicino uno spirito favella.
Colà venuto il sacro Vate, prende
Le designate in gemina tabella
Divine leggi: indi, per l'Orsa sceso,
Lieve librato su l'aperte penne,
Fende a rapido vol l' aura superna
Per quella via che, fuor l' eterea soglia
Dal freddo Arturo a' caldi austri si piega
Così volando, di Leon si veste
Sembianza tal, che al paragon son vili
I mostri ancor di cleonèa foresta:

Dum Pater omnipotens, cupidis se pandere terris
Adductus precibus, se per dabat illa sciendum:
Nunc aliter; proprior nam pectora spiritus afflat,
Siqua fide et pietate merent votoque benigno.
Huc sacer ingressus Vates exscripta tabellis
Jura drûm et leges paribus capit: inde per Arcton
Immissus, geminas agilis se librat in alas,
Et per inane levem praeceps diverberat auram,
Qua via ab aetheriae decurrit limine portae,
Prona per Arcturum, calidos protenta sub austros.
Damque colat, torvi induitur simulacra Leonis,
Monstra cleoneae longe excedentia sylvae,

Per la mole tremendo e per l'aspetto,
Con l'ira in fronte ed il terror negli occhi,
Ha dritte in capo minacciose corna,
Muscoloso il gran petto, d'aurea giuba
Rivestite le spalle, e lunga coda
Per l'azzurro cammin dietro si trae.
E, dopo assai volar, ecco l'Esperia
Egli discopre e d'Adria il curvo lito,
Onde con più calor batte le penne,
Ed a Venezia, per donar sue leggi,
Viepiù rapidamente s'avvicina;
Come l'augel ministro al Fulminante,
Se da l'alto mirò candido cigno
A l'Eridàno od al Meandro in riva,
Tosto s'affretta e, dal disio chiamato,

Et mole et facie horribili dat cultibus iras
Terroremque oculis, dat signa minacia fronti;
Pectora lata toris implet, colla undique vestit
Fulva jubis, longam projectat in äera caudam.
Jamque diu liquidos per tractus aetheris actus,
Conspicit Hesperiam, quaeque Adria littora curvat:
Hic vero äerias quatit exultantius alas,
Et propius festinat iter, laetusque propinquat
Jus Venetis legesque ferens; ceu fulminis ales
Fida ministra Jovis, caelo speculata volantem
Ad vada sive Padi sive ad Maeandria cycnum,
Quum properat tollitque moras et praepete cursu

15

L' inani vie precipitoso fende.

Tal di Marco il Leon d' Adria a le prode,
Or su' mari passando or su le terre,
Volava, e immense per la docile aura
Rote facendo, al fin, corsi gli spazi,
A le Venete mura si posò.
Attoniti miraro i Senatori
Dal ciel piovuto quel portento: a tutti
Un gelido timor sparso per l' ossa
Cercò le membra, e ne l' aperte fauci
La parola restò. Per quello aspetto
Orrido insieme e venerando, incerti
Tra la speme del Nume e la paura
Pendean del mostro aligero, a la fama
Tutto simile de' volanti grifi;

Ventorum secat alta vias, spe concita praedae.
Haud secus adriacas Leo Marcius ibat ad arces,
Supra undas terrasque volans; per nubila curvos
Findebat gyros facilemque per aera sulcum.
Qui postquam, emensis spaciis, sub moenibus Urbis
Constitit, attoniti aspiciunt miracula Patres
Missa polo: gelidus pavor in praecordia lapsus
Membra quatit, cunctis vox faucibus haeret anhelis.
Stant tamen, horribilem ob speciem pariterque verendam,
Numinis ambigui inter spem monstrique timorem
Aligeri, quales Gryphas fert fama volantes;

Chè di rosso diadema il capo cinto
Veggono e ombrati da le penne i biondi
Omeri; treman de la torva fronte
Parata ai danni e degli sguardi accesi
E de le larghe fauci. Al fin pur vinse
La fidanza nel Nume, e persuase
A l'alme la preghiera: onde, i ginocchi
Ponendo a terra e sollevando i volti,
Chiedean mercede e si batteano il petto.
Quegli, volando allor vèr l'alte cime
De la cittade, si scotea sui fianchi
La fluente criniera, e col tremendo
Dente l'inane tramite mordea.
A l'alto mar guardavan due colonne,
Anzi due torri, con grand' arte alzate,

Nam caput hinc spectant rutilo diademate cingi
Flaventesque humeros tyriis umbrarier alis;
Hinc torvam horrescunt faciem faucesque patentes
Iratosque oculos promptamque in vulnera frontem.
Attamen haec inter potius spem Numinis auctam
Corde volunt, instantque fidem succedere votis.
Procidui ergo genu terrae, sed supplice vultu
Acclives, veniam exposcunt ac pectora tundunt.
Ille autem loca celsa volans celer occupat Urbis,
Excutiens utrimque jubas per larga fluentes
Pectora, et horrifico vacuum ferit aera morsu. [6]
Turribus assimiles geminae maris alta columnae
Aequora spectabant, multa arte sub aetheris auras

Superba vista a lo stranier che approda.
Sul vertice de l' una il venerando
Nume di Marco si fermò, palese
A lo sguardo di tutti, e pace a tutti
Da le dischiuse tavole bandì.
Un simulacro ancor là su ne attesta
L' imagine del Nume e la presenza.

Avanzatosi allora Aminta, giovine biondo e di
gentile aspetto, dalla mente fatidica, manifesta altro. non essere quel Leone che il santo genio di Venezia solo tremendo a' nemici di lei: lo venerino
dunque, lo amino; per lui sarà grande nelle imprese la patria, fortunata ne' commerci. E il vecchio Bragado (onde la famiglia de' Bragadini) propone che, eretto subito, come si poteva allora, un
altare, si festeggi il Nume, cui erigeranno poi degno tempio. Al consiglio del vecchio, levasi un altare, e il maggior sacerdote, cinto di aurei drappi
e traendosi la mitria, così prega a nome di tutti.

———————

Erectae, Adriacam decus ingredientibus urbem.
Harum ipse alterius, numen venerabile, Marcus
Vertice sub celso sedit, cunctisque videndus
Adriadis pacem tabulis dicebat apertis:
Unde etiam insinuant priscae simulacra figurae
Tempus in hoc speciem, et Divi vestigia servant. [7]

PREGHIERA A S. MARCO.

— Marco, gloria del ciel, ottimo padre
De la veneta gente, il qual non sdegni
Lasciar le stelle per pietà di noi,
Se fia concessa tal mercè di fida
Religïon, a la città nascente,
A' cittadini in ogni secol presta
Del tuo nume benigno aita e scudo;
E l'alme sedi empí di te, che in voto
Ora t' offriamo, e s' ergeran tra poco
In pario marmo alteramente a l' aura.
Abbi a cor, Padre, nostre cose; l' empie
Guerre allontana, e a' Veneti apparecchia
Pace, o d'avverso provocar vittoria.

(v. 724-739)

— *Marce, decus caeli, Venetae Pater optime gentis,*
Res miserans nostras summum qui linquis olympum,
Si qua fides pietasque potest hoc tanta mereri,
Surgenti felix aeterna in saecula Numen
Perge Urbi populoque tuum praestare benignus,
Et sedes colere, Alme, sacras, quas mente vocemus
Nunc tibi, sed pario stabunt moæ marmore ad auras.
Nostra bonus tueare Pater; bella impia pellas,
Et Veneto pacem vel de irritante triumphos

Chè nel tuo Tempio noi degne onoranze,
Non obliosi mai, ti renderemo;
Marcìadi ne direm, dal tuo traendo
Il nostro nome; e, ovunque ci conduca
In pace o in guerra, duce te, fortuna,
Sarà l' effigie tua la nostra impresa.
Or, dove più ti piaccia e sotto quale
Parte del ciel che il novo tempio sorga,
Fanne, sommo Lion, non dubbio cenno. —

Movendosi allora il Leone alato, sopra libero
campo segna tre volte nell' aria un cerchio, e quindi
in mezzo al cerchio placidamente si posa: così il
luogo e lo spazio pel tempio fu palese a' Veneziani,
ai quali il Leone, fattosi più mansueto in vista,
porse anche le tavole delle leggi, che vennero alla
città subito imposte.

Hoste pares. Meritos, templis tibi rite dicatis,
Quippe animo memori semper solvemus honores,
Marciadasque tuo de nomine nostra trahemus
Nomina, eruntque tuae effigies insignia nobis,
Quo pace aut bello, duce te, sors qumque vocabit.
Sed quo templa loco placeant, quo ducta sub axe
Stare poli, insinua certo, Leo maxime, nutu. —

FABBRICA DI SAN MARCO.

Or, se del tempio alzar sien premurosi,
L'universo dirà. Chiunque sappia
Fare apparir ne' risecati marmi
Le belle macchie, e chi scolpir ne' sassi
Vive figure ed emular natura,
E chi con ori e con minute pietre
Render simile al ciel la gemmea volta,
Tutti chiama Venezia e a l'opra pone.
Non indugi; al lavor suda chi d'arte
Ha nota esperïenza, arde ciascuno
Di sollecita cura. E tutta Grecia
S'affatica, e, di marmi insigne, Libia

(v. 771-801)

Ponendis igitur siqua est sollertia templis,
Orbe peti placet ex toto. Quicumque secandis
Marmoribus bonus est maculas aperire decentes,
Qui saxa in vivas scalpris animare figuras
Naturaeque sequi ingenium, qui gemmea caelo
Tecta auro et sectis sciat assimulare lapillis,
Marciadae accersunt operi molique locandae.
Nec mora; festinant properi quibus usus ab arte
Jampridem spectatus adest; cura addita quemque
Sollicito accendit studio. Jam tota laborat
Graecia; jam Lybie, mittendis inclyta saxis,

Si duol che il grembo ha di metalli esausto.

La bianca Paro, Sparta verde, e Taso

E Chio varïopinte, e l' affocata

Montagna di Sïene, ardon d' offrire

Quella, che ognuna ha in sè, beltà di marmi.

Nè su' monti restò la vena tinta

Di frigio sangue, nè restò la pietra

Che da l' ugna si noma, o da le terga

Di lividi serpenti, e non restía

I macchiati apportò sassi Caristo.

Quel marmo le pareti, e questo forma

Le colonne; uno i gradi, uno le statue.

Già l' opra è immensa; di sonante bronzo

Già cinque porte bipartite schiudono

Il sacro limitar, in su la prima

Faccia che guarda l' occidente sole;

Exhaustis queritur se defecisse metallis.
Alba Paros, viridisque Lacon, Thasos alta Chiosque
Utraque versicolor, rupesque ignita Syene,
Marmoreum est quod cuique decus, dare protinus ardent.
Nec quae vena nitet phrygio conspersa cruore
Monte vacat caeso, nec qui deducit ab ungui
Nomina, serpentum nec abest squalentia pictus
Terga, lapis: non saxa negat maculosa Carystos
Suggerere. Hinc paries crescit; teres illa columnam
Dat moles; gradus hoc, illo est de marmore signum. 8
Immensum jam surgit opus: jam quina sonantum
Aerea valvarum bipatentia limina pandunt
Claustra, videt Phoebum facies qua prima cadentem.

E sovra l' un del pari e l' altro fianco
Stride gemina imposta. Innumerabili
Sorgon colonne a sostentar la mole,
Che con la cava cupola d' immane
Abbracciamento sì gran cerchio serra;
Lungi dal mezzo i fianchi son, dal mezzo
Molto di qua e di là s' allunga il tempio.
Su la fronte archi audaci alto s' incurvano,
E tra le nubi assorgono i pinnacoli.

Il tempio, fuori e dentro, abbonda di sculture e di ricchezze: stupendo l' altare di S. Marco, e famoso per le gemme.

LA *PALA D' ORO*.

Famosa è l' ara per le gemme: ognuna
Sua natura sua patria e sua virtude

Hinc atque hinc totidem strident sub cardine postes.
Maxima sed templi innumeris subnixa columnis
Stat moles, permensa caca testudine campum
Amplexu immodico: longe latera ipsa recedunt
E medio; hinc late excurrit quod in aede relictum est.
Ter, quater eductos alte curvantur in arcus
Pinnarum spacia et nigris se nubibus indunt. [9]

(v. 835-863)

Hic locus in famam gemmis: hoc quaeque theatro
Et genus et patriam et virtutum munera profert.

16

In quel teatro ostenta, e la contesa
Pel diverso valor non è leggera.
Sua sentenza ha ciascun, ma in questa gara
Non unica è la palma, anzi a la lode
Apronsi molte vie, sì che ogni gemma
Ebbe per sorte onrata nominanza:
Chè, se d' un lato l' una è vinta, vince
Da l' altro, e il pregio è del difetto ammenda.
Più grande è questa, più quella scintilla,
L' altra ha foco più vivo, e vario encomio
Per le varie sue doti ognuna acquista.
Vanto ha 'l diaspro di gittare intorno
Sprazzi di fulva luce, il dïamante
D' aerëa, di verde lo smeraldo;
Brilla il topazio del pallor de l' oro;

Acre super tituli meritis certamen initur.
Est sua cuique fides, tamen hoc insigne periclum
Non unam ostentat palmam; via plurima laudes
Spondet, et ad famae specimen sors arrigit omnes:
Nam, quae victa uno est, alio certamine vincit
Illustris species et culpam laude rependit.
Grandior haec, micat ista magis, fulgentius ardet
Illa alia: hinc laudes varia sibi quisque meretur
Dote lapis gemmaeque decor. Spectatur Iaspis
Luce novum per tecta jubar diffundere fulva,
Aëria ast Adamas, radiat viridante Smaragdus.
Chrysoliti lumen rutilum pallescit in aurum;

Stinge alquanto i color' de la vïola
Il giacinto, gli oscura l'ametista;
Il piropo fiammeggia, ed il zaffiro
Contende a superar la cornïola.
Quivi Proteo recò (se creder tutto
A la fama si vuol), qui le Nereidi,
Accorse d'ogni mar, l'alghe gemmate
Del rosso lido ed i bei pegni ascosi
Nel rugiadoso sen d'inde conchiglie
Insidïate a l'oceàno in fondo.
Orëade portò, da le nevose
Rupi staccati, per assiduo gelo
I costretti cristalli; e non soffrendo
Il gemmifero Gange e non l'Oasse
Che i vanti lor fossero ignoti, entrambi
Da' lor gorghi invïàr ricche delizie.

Diluit hic viola flavos Hyacinthus honores,
Densius hos Amethystus agit; flammata Pyropus
Flagrat, Sardonycas certant praestare Sapphiri.
Huc, si cuncta fidem, fama referente, merentur,
Protheus et toto Nereides aequore lapsae
Adveœere rubri gemmantes littoris algas,
Et quae rore graces indae dant pignora conchae,
Oceani quaesita vadis. Adveœit Oreas
Assiduo chrystalla gelu concreta, nicosis
Quae defracta jugis rapuit. Non passus Oaœes
Gemmifer et Ganges nesciri fontis honores,
Delitias sed quisque suas de gurgite misit

Impoverito d'ogni parte il globo,
Non si dolse però che di tesoro
Si stremino le terre, infin che nulla
Sia del veneto altar più prezïoso.

E quando le destre umane più nulla possono, Venere lusingando induce Vulcano a venire co' Ciclopi.
Fa questi il sommo dell'arte sua': effigia il Tonante
che crea l'universo e l'uomo, l'uomo che per sua
disubbidienza è dannato alla fatica, Cristo che nasce muore e risorge, la Madre vergine, la coorte dei
Dodici, la moltitudine dei martiri : rappresenta Venezia col suo mare e i numi abitatori di questo, e,
presago com'è del futuro, le imprese dei Veneziani :
in fronte al tempio colloca quattro animosi destrieri.
Così compiuta è l'opera, di cui non è altra più
perfetta.

IL CAMPANILE E L'OROLOGIO.

Dal tempio non lontan, due torri audaci
A le stelle solleva il padre Etnèo:

Dicite. Pauperior factus regionibus orbis
Pertulit exhaustas opibus vilescere terras,
Dum nihil adriaca cideat pretiosius ara.

(v. 1048-1085)

Haud procul hinc geminas audaci vertice turres
Vulcanus pater aetherias molitur in auras:

L'una le feste annunzia, e a pubblic'uopo
I cittadin' canuti insiem raccoglie;
L'altra distingue del solar viaggio
L'ore e 'l vagar degli astri e le stagioni:
Più alta è quella e non v'arriva il guardo,
Più operosa quest'è. Poi che librata
Macchina, simigliante al vasto azzurro,
A tondo si rigira, e ripercorre,
A sua volta ciascuno, i brevi spazi.
Quivi esso Febo coi cavalli ardenti
Per i dodici segni agil trasvola,
Nè di seguir la propria via gli vieta
Il rapido girar del ciel stellato;
In parte avversa tende, e quindi riede.

Hanc, sacra quae indicat, sonituque accersiat aeris
Commoda ad imperii canos tractanda Quirites;
Hanc, quae pandat iter caeli, discriminet horas,
Astrorumque vagos cursus et tempora monstret:
Altior illa hebetatque oculos, operosior ista.
Hic etenim immenso librata simillima caelo
Machina, multivago convertitur orbe, recurrens
Temporibus spacia arcta suis. Hic ipse coruscis
Phoebus equis duodena agili meat astra volatu,
Nec, proprium quin currat iter, contrarius obstat
Stelliferi rapidus super axes nixus Olympi
Impetus, adversum tendit, raptusque recurrit.

Ivi ora del fratel fugge i vestigi
Scarsa la luna con le corna indietro,
Ora nel pieno lume suo tondeggia
Emula a' rai del sol: talor la fronte,
Cui la terra fa vel, d' ombre ricinge
Per dolor del fratel cui più non vede;
Poi visto il segue e a lui le corna volge,
Fin che, giunta a l' amplesso disïato,
Torna.a danzar tra l' aspettanti stelle.
Volge a suo corso ognun degli altri cinque
Fuochi del ciel per l' orbita segnata;
E, se ben più lenti essi e più veloce
Corra la luna, pur tutti rotando
Si tuffano ne l' onde occidentali.

Hic, modo parca, fugit fratris vestigia Phoebe
In cornu sinuata retro, modo luminis hausti ·
Plena tumet, radiisque opponitur aemula Solis:
Nunc faciem subitis, terra obscurante, tenebris
Obnubit, de fratre dolens quem non videt usquam:
Mox sequitur visum, et subiens sibi cornua mutat,
Donec, in amplexus fraternos pectora jungens
Chara, novos iterat repetita sub astra volatus.
Cetera quinque suo decurrunt lumina cursu,
Signiferae qua trita patet pridem orbita metae,
Et licet haec gressu properent tardo, illa citato.
Attamen in praeceps violento cuncta rotatu
Cum toto occiduas caelo rapiuntur in undas.

Anch' esso il vostro onor, numi silvestri,
Se ben più caro è a voi posar nel rezzo
D' un' ombra verde, su la torre ha loco:
Chè sul vertice aperto, il piè caprino,
Due Satiri si stanno, e con l' alterno
Martellar segnan l' ore, e dànno avviso
Di vigilar questa fuggente vita.
Alfin, poi ch' ebbe quel Signor del foco
Levata aurea magion, dove le sorti
Agitasser del mondo i Padri accolti,
E per gli adriadi Prenci un degno asilo,
Pieni gli uffici suoi, volenteroso
Al nuzïale in ciel talamo ascese.

Vester et in tanto, sylvestria Numina, quamvis
In viridi vobis sedes sit amoenior umbra,
Hoc opere est celebratus honos: nam turris aperto
Stant duo capripedes Satyri sub vertice, et ambo
Alterni aerisono distinguunt tempora pulsu,
Labentis vitae spacia evigilanda monentes.
Aurea tum postquam versura Palatia mundi
Consilia Ignipotens, cogendoque ampla Senatu,
Ac dignum Adriadis Ducibus Penetrale sub auras
Eduxit, tandem, defunctus munere summo,
Coniugis in thalamos super aethera laetus abivit. [10]

LIBRO SECONDO.

—

Marco occupa dell'augusta presenza il tempio compiuto: Venezia, in guerra e in pace, fiorisce.

IL DOGE LOREDANO.

Ben sette volte e cinquecento e mille
Corsi gli spazi sul fiammante carro
L'aureo Titano avea dal dì che il mondo,
Stupito al virginal parto idumèo,
La discesa dal ciel Prole adorò;
Quando, bramoso che tra lieti auspicî
Possa e dominio a sua città crescesse,

———

(v. 29-48)

Septem et quindecies centum dìvolverat orbes
Flammatos agitans Titan per inania currus,
Mundus Idumaeos ex quo de Virgine partus
Obstupuit, sanctam veneratus ab aethere Prolem,
Cum Deus, exoptans regni incrementa secundis
Ubertim florere opibus fatisque benignis,

Il divo Marco avea l'adriaco scettro
Affidato a' canuti anni del Prence,
Che trae da' Lauri il gentilesco nome.
E sotto a lui, qual già nel Lazio i tempi
Di Saturno, fluìan placidi gli anni,
Era in onor giustizia e pace, un mite
Gaudio le menti empiea di tutti e l'alme.
Le Dive anch' esse, che fuggìr sdegnose
A la ferrigna età, giù da le stelle
Rivolavano omai, benignamente
A la stirpe mortal vivendo in mezzo.
Ma come avvien che, sotto un ciel turchino
Aprendo a l'aura che lo pinge innanzi
Le sue vele un navìl, ratto l'investa
Scatenata procella, e, circondato
Di nerissimi vortici, assorbirlo

Urbis sceptra suae ad canos iam duxerat annos
Principis, a Lauro gentis qui nomina ducit. [11]
Iamque sub hoc passim, celuti Saturnia quondam
Tempora per Latium, felicia saecla fluebant,
Iam rectique et pacis honor, iam laeta quietis
Gaudia cunctorum mentes et pectora habebant.
Ipsae etiam, exosae quae ferrea tempora terris
Cesserunt Dicae, iam dignabantur ab astris
Delapsae humanos adeo non spernere coetus.
Verum ut saepe rates, sub tempestate serena
Pandentes zephyro turgentia vela ferenti,
Exsurgens incadit hyems, et turbine nigro

Già già minacci nel fremente pelago;
Così getico marte furïoso
I candidi ozi al Veneto rapì.

La guerra si desta per opera di Giunone, la quale
scende a incitare contro Venezia Massimiliano imperatore, mentre questi era a caccia sulle sponde
del Reno.

MASSIMILIANO IMPERATORE A CACCIA. [12]

Cesare, lieto d' assai belve uccise,
Che 'ncontro a lui giù da l' alpestri tane
La compagna Dïana avea sospinte,
Allor da solo era venuto al fiume,
L' armi cruente· per lavar ne l' onda.
Le spalle e 'l capo gli coprïa d' intorno
Un' orsa inane, che il real sembiante

Iactat, et insano super instat mergere ponto ;
Candida sic getici furor abstulit ocia martis.

(v. 84-104)

Tunc forte immodica laetatus caede ferarum,
Quas Diana comes lustris acerterat altis,
Ad eltreas amnis solus dicerterat undas,
Sanguine tinctam hastam et iaculum loturus et harpen.
Ursa humeros circum, caput ursa tegebat inanis,

Parer lasciava da le fauci aperte,
E d' ór le sanne avea, d'oro gli unghioni.
Lei col primo ardimento avea percossa
Pur garzonetto, e lei portava ancora,
Bel testimonio de l' età sua prima.
Più de la pece negro e de la notte
Quando copron le nuvole ogni stella,
Lunato corno, dilatato a gradi,
Ondoleggiando gli scendea sul petto,
Col pie' d' argento e le supreme labbra,
A tortile sospeso aurea catena.
Quello ei divelto da la fronte avea
Di furïoso tauro in mezzo al bosco,
E acconcio a l' uopo di chiamar suoi cani
Col gran rimbombo de la rauca voce.

Quae Domini ex medio cultus aperibat hiatu,
Exertos auro dentes, auro oblita et ungues.
Hanc puer aggressus primo confoderat ausu,
Nunc tenerae aetatis specimenque decusquegerebat.
Lunatum cornu ex collo pice nigrius atra,
Nigrius et nocte, obtenebrant ubi sydera nubes, [13]
Ludebat, sensim in latum quod creverat ore;
Pes cavus argento supremaque labra nitebant;
Tortilis ex auro nectebat utrimque catena.
Hoc, medio in saltu tauri de fronte refractum
Indomiti, aptarat canibus secum ire vocandis,
Insigne instrumentum et rauca voce canorum.

Gli pendea da la cintola una verga
Di cornïolo di sottil lavoro,
Cui già Fauno gli diè non vil presente.
Ma le mute de' cani a lui seguaci
Bevean del flume, e ad un ramoso ontano
Legato il corridor battea la zampa.

A Massimiliano appare Giunone irata: a che si
perde egli in cacce? non vede stringersi Venezia con
Francia per impedire a lui l'andata a Roma, ove
l'attende con la corona Giulio? soffrirà che i Veneti
facciansi arbitri del Romano Impero, per cui tanto
fecero i maggiori suoi? Si levi in armi; auspice lei,
trionferà. Dice la Dea e torna al cielo, ove il Consorte la garrisce delle sue ire insaziabili e le pro-
mette che, come all'Austriaco l'Imperio, così ha
da restare ai Veneziani la loro potenza. Ma Giunone, pur struggendosi dentro di dispetto, si conforta
al pensiero che già altro ella fece contro il piacer di
Giove e de'Numi, e scende a vedere gli apparecchi
di Massimiliano. Il quale, convocati i Grandi, narra
la visione, e desta negli animi impaziente desiderio di guerra. Ma Androflo, venerabile d'anni e di
senno, persuade che prima si mandino a Venezia
quattro ambasciatori, e si eleggono all'uopo: Cor-
rado, Laudarco, Luca de' Rinaldi, Selimo. Questi,
ammirando l'Italia e Venezia, giungono al cospetto

Pendebat virga ex zona, quam munera cornum
Arte laboratam dederat non vilia Faunus.
Turba canum flumen Dominum comitata bibebat,
Ramosa quadrupes stabat religatus ab alno.

del Doge, ove per primo Luca, tra lusinghevole e vantatore, espone che Massimiliano chiede libero passaggio per sè e suoi, e lo chiede, non perchè non sappia aprirselo sempre colle armi, ma perchè vorrebbe restare in pace con Venezia, sebbene alleata de' Francesi, gente a lui nemica e fedifraga. Risponde grave il Loredano: passi l'Imperatore, ma senza armati; che se in ogni modo egli vuole la pompa del séguito, mille soldati della Repubblica gli saranno scorta a Roma; circa l'alleanza con Francia, Venezia non ha a dolersene; piacendo a Cesare di lasciar le arti di pace per quelle di guerra, i Veneziani sapranno stargli a fronte. Il superbo Laudarco replica insolenti parole, che il Doge ribatte con fermezza: grave sdegno è nel senato, cieca rabbia negli ambasciatori che partono a furia. [14]

SINISTRI SEGNI
APPARSI A' LEGATI IMPERIALI.

Posa e' non hanno fin che, abbandonata
La marina città, fuor de le barche
Non inforchin gli arcioni in fida terra;
E, quivi giunti, con furor di sproni
Davan le spalle a l'odioso lito.

(v. 622-693)

Nulla quies, uda donec revehantur ab urbe,
De ratibusque in equos scandant, sub sede fideli.
Tunc quoque firma pedum nacti vestigia ab undis,
Incisas crebris fugiunt calcaribus oras.

Eran que' dì che il gran Titano rade
Co' destrier' bassi il tessalo confine,
E, minuendo la diurna luce,
L' ore prolunga del silenzio amiche.
Al soffio boreal ne' bianchi veli
Del novo inverno si celano i monti,
Prati e campi biancheggiano di brine,
Squallida erge la selva i nudi stecchi,
E 'l gel costrigne le già verdi glebe.
A quelli, in patria a tal stagion volgenti,
Minacciosi prodigi in terra e in cielo
Si furo offerti: poi che a mezzo il corso,
Contristato da livida tenèbra,
Il sol coprì la faccia e spense il raggio,
Al misero mortal duro presagio.

Iamque per Æmonios depressis flammiger arcus
Ibat equis Titan, lucemque diemque terendo
Augebat nocti tenebras spaciumque sopori.
Tunc Boreae ad gelidos flatus juga celsa nivali
Primae hyemis candore rigent, stant prata pruinis
Horrida, stant campi, squalet spoliata decore
Sylva suo, glacie modo culta virentia lugent.
Hoc iter in patriam ingressis sub sydere, ab alto
Monstra polo et terra sunt intentata minaci.
Sol etenim, in media pallentes luce tenebras
Nocte sibi infecisse jubar tristatus, amictu
Lurida funereo contexerat ora, diemque
Abdiderat, dirum miseris mortalibus omen.

Chè non la luna col notturno carro
A la lucente del fratel quadriga
Erasi opposta; anzi, pur mo' comparsa,
Tra le sue corna là ne l' orïente
Di mezzo cerchio non stringea l'ampiezza.
Ed ella ancor, quando i febèi puledri
S' eran tuffati giù ne la marina,
Del solito nitor priva, nessuna
Luce spargea da la virginea fronte;
Ma, sotto l' Orsa, lugubre cometa,
Dietro al vertice giallo un crin di foco
Traendo, acerbo fato agli scettrati
Tiranni apparecchiava e luttuosa
Strage a' miseri popoli. E là dove
Le molteplici vette Uderzo eleva
Fino alle stelle, un tremito terrestre

Nam neque nocticagis hebetacerat aurea bigis
Lumina fraternis Phoebe adoersata quadrigis:
Axe sub Eoo curvis ea cornibus ibat,
Orbe minor medio et vixdum progressa sub euros.
Haec quoque, post mersos rutilantes aequor in altum
Solis equos, solito cultus defecta nitore,
Virgineae radios renuit diffundere frontis.
Lugubris arctoo pressusque sub orbe Cometes
Spargebat croceo crinitam vertice flammam,
Sceptrigerisque minax fatum exitiale tyrannis
Et miseris cladem populis luctumque parabat.
Quin, Opitergini qua dorsi culmina surgunt,
Vertice multijugo stellis vicina coruscis,

Scosse via da le rupi il bianco incarco.
Chè, mentre quelli di scoscesa valle
Il sentiero tenean verso le alture
Su per la falda d' imminente monte
Da molti piè battuta, ecco, spiccatosi
Da l' alto, giù romoreggiando rotola
Un masso, e piante sradica, e travolge,
Lungo il calle fatal per cui precipita,
Ampie macerie a' sottostanti cólti.
Non men vicina allora ebber la morte
I Legati, che il legno pagasèo
Quando, per primo al mar l' onda fendendo,
Dubbio solco segnò tra le Simplegadi;
Cui Pallade sottrasse al gran periglio,

Discussere nives canas perculsa tremore
Horrifico incertae salebrosa cacumina terrae.
Namque illi abruptae dum per compendia callis
Acclives superant saltus, montisque superne
Pendentis latera ima terunt pede secta frequenti,
Ecce ruit summi saxosa crepidine collis
Proruta cum sylvis moles, subitoque fragore
Omnia prosternens montem et saxa ingerit arvis
Pinguibus, incenta est via qua per prona cadendi.
Non aliter parco leti discrimine tristes
Effugere minas, quam quum pagasea Carina,
Prima cias agiles stadio maris ausa secare,
Navit iter dubium medias Symplegadas inter:
Namque ope palladia misero surrepta periclo,

Onde, perduta pur la poppa sua,
Salvo trascorse pe' sonanti gorghi.
A la ruina appena eran scampati
'I quattro, e già sono in balía de l' acque.
Gonfio l' Istro di pioggie, quai versare
Suol sotto l' astro olenio il cielo intento,
Col fiero corno i ben librati ponti
In su le fughe d' abbracciate volte
Spezzò, e, de' campi furïando in mezzo,
Le biade, speme del colono, e i greggi
E gli armenti in un fascio al mar travolse.
Tutti, allargati ne le valli ombrose
E fino ai monti sollevando i flutti,
In novo letto fremerono i fiumi.
Lagrimose fuggir da gl' inondati
Prati via le Napèe, fuori de' boschi

Puppe tamen minor, incolumis freta rauca cucurrit.
Hos vix instanti fata eripuere ruinae ,
Cum pluviis agitantur aquis. Tum plurimus Ister
Imbribus, Olenio quales sub sydere densus
Juppiter infundit terris, tumido amne resolvit
Complexos multo fluvium sub fornice pontes ,
Et mediis bacchatus agris sata, vota coloni,
Cum grege et armentis pariter decolvit in aequor.
Cuncta super tectas spaciantia flumina calles
Insolito tumuere freto, legesque perosa
Usque in montanos fluctus auxere recessus.
Obruta tunc profugae lacrymarunt prata Napeae;

18

Da le Naiadi fur spinte le Driadi,
Fur l'Orëadi cinte in su le creste
Da la flumana, e vidersi nuotare
Silvani e Pani e Satiri lascivi.
S'aggiunse poi che, mentre con notturno
Passo quelli correan plaghe silenti,
A la fame de' lupi alto ululanti
Ed a gli assalti si fuggiro a pena;
E da sinistri gemiti d'augelli
Diffusi ne la tenebra funesto
Ricevetter presagio; e, tra latrati
Di mastini, dovunque ei fosser vòlti,
Di minaccioso orror vedean coprirsi
E di vani bagliori ardere i boschi.
I templi di lontan d'acri lamenti
Facean l'aura tremar, e in grave suono

Najades e sylois Dryadas pepulere, sub altos
Perculsae colles coguntur Oreades undis;
Sylvani Panesque natant Satyrique petulci.
Huc super accessit quod, dum taciturna tenerent
Per loca nocturnos gressus, ululatibus acti
Iram incursantum vix ecasere luporum.
Quin etiam obscoenis colucrum per nubila noctis
Luctibus attoniti sortem expavere sinistram.
Iidem allatrati canibus, quacumque ferebant
Suspensi incessus, lucos horrore minaci
Misceri et canis spectarunt ignibus uri.
Templa procul moestis terrebant questibus auras,

Tutte intorno fremean l' ossa de' morti.
Che più? per l' ampia oscurità tremendi
Spettri fur visti vagolar, mandando
Ad ora ad ora floche voci, e in torve
Tramutandosi spesso alte figure.

Giunti in patria, i legati consultano indovini, e odono presagire pubbliche calamità e la morte di persona illustre. Massimiliano intanto, udite le risposte di Venezia, bandisce e, insieme col figlio Filippo, apparecchia la guerra. Tutti i popoli soggetti od amici si addensano intorno ai vessilli.

MORTE DI FILIPPO D'AUSTRIA.

Tali l' austro Signor volgea disegni,
Ma l' impresa tornaro in tristi lutti
L' acerbe Dee. Mentre s' appresta a guerra
Filippo, e pasce d' incliti trionfi
L' alto pensier, nel mezzo agli apparecchi,

Et fremitu ingenti circum omnia busta sonabant.
Quid? quod terrificos manes volitare per umbras
Et tenues passim trepidarunt edere voces,
Vertentes torvis sese in simulacra figuris?

(v. 806-839)

Haec provisa Duci Austriadae. Sed coepta severae
Vertere in luctus Divae. Nam bella Philippus
Dum parat, et celsa claros iam mente triumphos

Da Lachesi rapito, ecco, ei soggiace.
Ahi! non il fior giovò, non il decoro
De l'immatura giovinezza, e quella
Bell'aria marzïal che il nobil viso
E le gote florenti irradïava.
Come albero frondoso in campo aprico
Che nel tepido sol di primavera
S'ornò di blandi fiori ed al colono
Die' buona speme di maturi frutti;
Se Borea, da le gelide contrade
Soffiando, svelto da l'ime radici
Lo distenda al terren, speranze e voti
Cadono tutti, son disperse al vento
L'opre solerti e l'indefesse cure;
E i propri danni e il rotto onor del campo

Concipit, in medio, Lachesi rapiente, paratu
Concidit. Heu! tenerae nil flosque decorque iucentae
Obstitit, et faciem illustrem qui martius horror
Vernantesque genas placido insignibat honore.
Qualis in aprico tepidis sub solibus arco
Laeta comas arbor, quae iam per veris amoenam
Temperiem blando florum se compsit amictu,
Maturasque jubet fruges sperare colonum:
Si geticus Boreas, glacialibus actus ab oris,
Hanc prosternat agro, penitus radice revulsa,
Spes omnes et vota cadunt, periere labores
Et studia et curae et facilis sollertia cultus;
Damna simul raptumque agri decus et grace culnus

Amaramente il possessor deplora.
Ahi quante volte una delusa speme
Urge a la colpa e, ogni ritegno infranto,
Minacciose parole al duol ministra!
Tale ivi allora la Pietade istessa,
Cui di Filippo l'indole e i costumi
Fur noti e caro il Giovine, percossa
Dal fatal colpo e al gran dolor cedendo,
Ruppe in questo parlar: — Perchè, o Celesti,
De le Virtudi col germoglio primo
Sollevate i mortali a immensa speme?
Poi, già mostrati i frutti, con avara
Man ne frodate il cupido desio?
Certo, schernir le credule alme è gioco
Per voi; ahimè, per voi trastullo è fatto
Il nostro lacrimar! Sì che le meglio

Illacrymans dominus fletu deplorat amaro.
Heu disiecta fides quam saepe in crimina trudit,
Abiiciensque metus ultricia dicta ministrat!
Ipsa ibi tum Pietas, mores quae addicta Philippi
Nosset et ingenium, ac Iuvenem sub corde fooeret,
Ut perculsa trucis fatali fulminis ictu est,
Victa gravi in medium dabat haec miseranda dolore:
— Cur, Superi immodicam Virtutum germine primo
Mortales in spem erigitis? fructusque propinquos
Monstrantes, cupida ora manu fraudatis avara?
Ludere nempe animos et credula pectora ludus
Est vobis; nostrae, heu! lacrymae oblectamina praestant.

Cose impronti sul nascere strappate,
O perchè, omai a grandi imprese inetti,
Vasta promession male atterreste,
O perchè v' ha tra voi un Dio nemico
E Dei con Dei pugnate. Ecco, vostr' opre
Guasta, e natura opprime, e a tutto impera,
Trionfatrice universal, la Parca. —

Massimiliano, nel suo dolore, impreca al Cielo e
a Giunone. Ma scesa a placarlo la luminosa Iri, egli
rende al figliuolo gli estremi onori, e ripiglia le cure
di guerra, come leonessa orbata dei figli, più violento di prima. Tutta la Germania sta minaccevole
sui vertici alpini per rovesciarsi in Italia.

Aut, quia non ausus primos implere potestis
Deficitisque oneri coeptis male grandibus aequi,
Optima quaeque leves primo concerpitis orsu ;
Aut certe inter vos inimicum Numen habetis
Pugnatisque Dei. Parca, en, quod conditis aufert,
Naturamque premens, victrix super omnia regnat. —

LIBRO TERZO.

.Venezia è contristata da incendi di pubblici edifizi e da tremuoti rovinosi; si fanno preghiere a San
Marco e lustrazioni solenni. Quindi, a sostenere la
guerra, richiamasi dai quartieri d'inverno il Pitigliano capitan generale, al quale, giunto la terza
aurora, il Doge affida la somma delle cose e aggiunge per Provveditore, cioè socio delle fatiche e rap-
presentante del Senato, Giorgio Emo: essi giurano
che tra loro non si metterà mai la discordia, e,
mandate innanzi l'armi e le macchine, salpano, per
andare ad opporsi al Tedesco irrompente giù pel
Trentino: la notte entrano in Padova, e la mattina
è già a ordine l'esercito col quale muovono verso
Verona. Ma, riferitosi in Venezia che non solo per
quella via, sì per molti valichi delle Alpi il nemico
discende, si delibera di chiudere tra i due accam-
pamenti del Pitigliano e dell'Alviano, già fatto chiamare, tutto quel tratto, e si eleggono altri due
Provveditori, il Gritti e Giorgio Cornaro: quegli raggiunge il Pitigliano; questi attende l'Alviano, che,
giunto poco stante e assunti i secondi poteri, va col
Cornaro a raggiungere nel Friuli il suo campo, già
ordinato da Battista, strettissimo d'affetto all'Alviano per avergli salva in una battaglia la vita. Com-
pongono il campo genti d'assai parti d'Italia. [15]

ARRIVO DELL'ALVIANO E DEL CORNARO AL CAMPO NEL FRIULI.

Poi che appressarsi l'inclito Cornaro
Ed il duce Alvìan fu noto in mezzo
A quelle forti schiere, elleno tutte
Escono fuor con ilare tumulto.
Move a l'incontro il cavalier, le vie
Empie ed i campi in lungo ordine il fante.
E, giunti in vista, ecco in canora voce
Squillarono le trombe, e per il cielo
I battuti tamburri strepitarono.
Marco echeggiano i flumi, echeggian Marco
De le montagne i vertici lontani,
Nè de'gran Duci men frequenti i nomi
Tutta fanno tremar la volta azzurra.

(v. 790-839.)

Haec ubi Liciaden tot fortia corda virorum
Advcntare Ducem sensere caputque verendum
Scipiaden, laeto cuncti exivere tumultu.
Obvius it bellator eques; pedes ordine longo
Quaque vias properans implet camposque patentes.
Ut vero propius ventum est, rauca ecce tubarum
Aera canunt, crebro caelum cava tympana pulsu
Exagitant. Marcum repetitis vocibus amnes,
Et longinque sonant montana cacumina Marcum;
Nec minus astra Ducum studiis ferit aurea nomen,
Celsa poli alterno fremitu convexa resultant.

Tale al mattin, fuor de la tumid' onda
Quando leva il Titano i crin' stillanti
Sferzando a l'alto le focose coppie,
Per gli stagni pei liti e per le ripe
De l'Eridàno le canore gole
Affaticano i cigni, e con i moti
Forti de l'ale accolgono festosi
La bianca luce che colora il mondo.
Ma, nobilmente da l'arcione i Duci
Risalutando le affollate schiere,
A la pretoria tenda s'avvïaro:
Cui stando intorno innumerabil gente,
Tacquer le trombe ed il clamor ristette
A un cenno, e l'Alvïan, tra orrevol cerchio
De' maggiori guerrier, il maestoso

Sic, cum mane caput tumido de gurgite tollit
Ablutus faciem Titan, cupidosque iugales
Exstimulat pressis super aethera laetus habenis,
Guttura dulcisono per stagna et littora ponti
Perque Padi ripas phoebei carmine cycni,
Diffundente nova se terris luce, fatigant,
Laetitiam alarum plausu gestuque fatentes.
Illi autem, placido sublimes agmina vultu
Cuncta salutantes, praetoria tecta petebant.
Quo postquam innumerae circumfluxere catervae
Ac iussae siluere tubae clamorque resedit,
Liciades, Procerum septus crebro undique coetu

Ciglio per tutta l'assemblea movendo:
« Qui l'orecchio e il pensier, disse, volgete,
Guerresco onor de la virtù latina,
Cui meco trasse un sol disio di gloria.
Quando l'aurora settima dal cielo
Co' rosei dardi caccerà le stelle
Riportando il mattin, qui convenite,
E sien disposte in questo campo e stese
Tutte de' fanti e cavalier' le file;
Sì ch'io discerna qual d'armati accolta
E qual d'armi sembianza agl' inimici
Contra porrem, e al vostro Duce i vostri
Visi sien conti e i petti ed i vessilli. »
Sì disse, e visitò le stalle equine.
Cento si stavan lucidi corsieri

Perlustransque oculis numerum venerabilis omnem,
Sic ait: — Huc aures animosque advertite vestros,
O latiae virtutis honos et vivida bello
Pectora, quos laudis mecum huc trahit aemulus ardor.
Septima cum caelo radiis aurora fugarit
Sydera purpureis, lucemque recexerit orbi,
Ite mihi huc omnes, et structas quisque catervas
In latum hunc equitum peditumque educite campum,
Ut numerum spectem et specimen quo stemus in hostem
Armorumque virûmque; simul ne pectora, vultus
Signave vestra Ducem lateant incognita vestrum.
Haec postquam effatus, stabula alta incisit equorum.
Stabant quadrupedes nitidi ad praesepia centum

Agli eccelsi presepi, ed eran sangue
Di quel cui già, percossa dal tridente,
Partoriva la terra al dio marino.
Diffuse Adrasto cotal razza e Pelope
Da l' eburnĕa spalla e, pria che stelle
S' aggiungesser al ciel, i due Tindaridi;
Ch' essi, la stirpe a perennar, forniro
A la venere calda le puledre.
Quanti de' meglio a la palestra elèa
Argo alimenta, e quanti crea lo spiro
Marital di Favonio entro l' aperte
Fauci infuso a le madri, or quivi addotti
Servono al Duce, e, di servirlo alteri,
Gareggia ognun di sobbarcarsi a lui.
Il qual non prima su la soglia apparve,
Tutti a l' aura mandâr lieto nitrito,

Illius de gente sati, quem terra tridente
Neptuno percussa tulit. Diffudit Adrastus
Hanc sobolem bicolorque Pelops et sydera nondum
Tyndaridae, ad cenerem submissis arte calentem
Matribus, in multos quo stirps descenderet annos.
Huic et ad Elaei certamina pulceris Argos
Nobile quidquid alit, Zephyrique quod aura mariti
Seminat in fauces foecundae illapsa patentes
Coniugis, adcectum paret, gratoque superbit
Servitio, ac studiis gestando de Duce certat.
Qui simulac septi primo pede limina pressit,
Implecere feri rapidis hinnitibus auras,

E si volsero a lui con la test' alta,
E la criniera si squassár sul dorso.

Veduti i cavalli, l'Alviano mostra al Cornaro la
propria armatura: rammemora la corsa vittoriosa di
Carlo VIII per l'Italia e la cacciata di lui, la lega
fatta dal successore di quello, Luigi XII, con lo Spa-
gnuolo a'danni di Napoli e la discordia messasi dopo
la vittoria tra' collegati, e narra che egli, associato
allora alle forze del gran Consalvo, ebbe da Pallade
quell'armi, insigne lavoro ciclopico. Dopo ciò, intende e fa intendere a' necessari apparecchi. Allo spun-
tare della settima aurora, l'Alviano ed il Cornaro
escono, e la rassegna principia.

PANDOLFO E CARLO MALATESTA. [16]

Ecco Pandolfo con tre salti lancia
L'abil corsiero, che agilmente snoda
La pieghevol giuntura; ed ei lo frena,
Pur riluttante e di posar sdegnoso.
Poi con più sciolti passi a grado a grado

---

*Inque Ducem certere oculos, laetumque per armos
Diffudere jubas atque ora arrecta tulere.*

(v. 977-1024)

*Ecce habilem triplici Pandulphus in ăera saltu
Tollit equum, atque agili rotat arcta volumina gyro:
Tum cohibet saltandi acidum indocilemque quietis;
Dehinc sensim numero faciles in pulvere gressus*

Qua con arte il cavallo e là si piega,
E via dagli occhi alfin fugge col vento.
L'aura ne suona e trema il suol, d'intorno
S'affisano in quell'un tutti gli sguardi,
Ad ammirar tanta perizia. È questi
Sangue malatestèo, figlio a Roberto
Che, domator d'Alfonso calabrese,
Dal duro minacciar Roma francava.
Elefantina testa a l'elmo eccelso
È bel decoro, e un lume d'òr si spande
Da tutte l'armi a gareggiar col sole.
Quattro volte dugento cavalieri,
Florida gioventù, per mezzo il campo
Con guerresco clamor gli vanno dietro,
E ben si pare a la rapida corsa

Composito huc quadrupes obvcrsus et explicat illuc,
Concitus ex oculis agitur mox ocior euro.
Aura sonat, trepidat tellus; stant undique in unum
Lumina flxa Ducem, cires mirata animosque.
Hic Malatestaeum genus, et praeclara propago
Roberti, domitor Calabri qui Principis Urbem
Asserit, oppressam duri obsidione tyranni.
Cassidis exertis elephas cum dentibus altae
Stat sublime decus, fulco procul omnia laeti
Arma Ducis splendore micant solemque lacessunt.
Bis quater hunc equites centum, spectata juventus,
In medium horrisono spacium clamore sequuntur,
Belli ostentantes rapidis artemque modumque

Se de la guerra i modi sanno e l'arti
E se hanno pronte al battagliar le destre.
Appresso, in giovenili armi leggiadro,
Ma compreso d'amor d'infausto marte,
Di quattrocento valorosi è duce
Carlo, d'Italia inclito onor, che il volto
Ha minaccioso e lampeggiante il guardo:
Non meno insigne del fratel Pandolfo,
Se non c'invidiasse il duro fato
Del maschio petto la crescente forza.
Ei, reggendo il destrier, tutto misura
Co' lievi suoi trascorrimenti il campo,
E volteggiando qua e là s'indrizza:
E il destrier rattenuto imbianca i freni
Tutti di spuma, e fiero caracolla,
Ed or di calci la lieve aura fiede,

Cursibus et jam tum promptas in proelia dextras.
Tum magnum decus Italiae, juvenilibus armis
Pulcher, at infausti correptus martis amore,
Quadringenta rapit pugnacia Carolus arcis
Corda virûm, vultuque minax oculisque coruscus,
Pandulpho nec fratre minor, nisi fata virilis
Invideant animi surgentia robora nobis.
Unus equum versans spacium procursibus implet,
Nunc huc nunc illuc rediens, gyrosque retorquens.
Nam sonipes, cetitus cursu et spuma obsitus alba,
Inceditque ferox gressumque alterna superbum
Agglomerat, lecibus mox calces imprimit auris,

Or annitrendo l' onor primo invoca.

Dove, o misero, corri? e tanto ardore

Perchè alletti nel cor? perchè ci estolli

Ad eccelsa speranza, ahimè! fallace?

Te spinge al fato questa guerra, e omai

Breve il tuo stame fileran le Parche.

Ma non la fama perirà, cui tanto

Apparecchi argomento: Ibèri, Eoi

Tè leggeran con meraviglia; il freddo

E 'l caldo mondo, a' versi miei commosso,

Te piangerà, se del futuro alcuna

Notizia a' vati pio consente Apollo.

Però t' allegra, o di Venezia troppo

Caduca speme, o brevemente vivo,

De le laudi t' allegra apparecchiate,

Tu che maggior vivrai dopo la morte.

Hinnitusque ciens campi sibi poscit honorem.
Quo, miserande, ruis? Martem quo pectore tantum
Concipis? ah nimium quo nos spe tollis inani?
Haec te bella trahunt fatis, jam stamen avara
Net tibi Parca colo. Sed non moritura perennes
Fama parat titulos; nam te miratus Iberus,
Te leget Eous; te torrida et algida cantu
Plorabit plaga suasa meo, mens signa futuri
Conscia, si veris catem pius implet Apollo.
Quocirca, o venetos spes fraudatura Quirites,
O lapsure brevi Iuvenis, gratare paratis
Laudibus, o maior qui mox post funera vives.

In mezzo agl' inimici le vincenti
Adriache schiere abbandonando, ai duri
Inferni dèi fatale ostia per tutti,
Cadrai, pur non inulto, chè ben mille
La forte man s' avrà mandati innanzi.
Così, de' padri tuoi degno, da l' ardua
Via non torcere il piè nè de l' impresa
Tema t' assaglia: quella vita è lunga,
Che bella fama a conquistar ne basti.

Seguono cavalieri venuti da ogni parte della Romagna e della Marca.

SALUDECESI NELL' ESERCITO DEL FRIULI.

E di mia Patria le volenti destre,
Se puot' esser mercede, Adriadi Padri,
L' opra vostra aiutâr. Chè Saludecio

Hostibus Adriadum in mediis victricia linquens
Agmina, nempe cades, ceu manibus hostia diris
Debita pro reliquis, missis tamen ante sub Orcum
Millibus, et rigidum prius ultus fata per ensem.
Proinde, tuis dignus patribus, facta ardua ne qua
Desere magnanimi victus formidine coepti:
Longa satis quae vita decus laudemque pararit.

(v. 1059-1073)

Nostrae etiam, Adriadae signa est ea gratia Patres.
Adiuvere manus Patriae vestra arma volentes,

(Voce che nacque già da la salute
D' un Decio, il qual sovra quel colle scampo
Ebbe con le sue schiere, onde una ròcca
Egli v' eresse cui lasciò 'l suo nome)
Invìò con pennacchi rosseggianti
Sovra gli elmetti di lucente bronzo
Otto suoi cavalieri a le battaglie,
Cui seguivan co' fanti armi leggiere.
Ed ecco di valor chiari e di nome
E Cecchino e Carbon con pari grado
Movevano a pugnar, battendo il piano
Su' lor destrier' da la spumante bocca.
Ambo eguali d' etade, a me congiunti
Da pegno egual, chè due sorelle a loro
S' associâr con marital legame.

Namque Saludecium (a Decii coæ ducta salute,
Hoc quod colle salus parta est, ubi condidit arcem
Agmine servato, linquens sua nomina Genti)
Octonos equites conis atque aere coruscos
Et cristis rutilos in marcia proelia mittit,
Quos etiam et numerus peditum et lecia arma sequantur.
Ecce etenim insignes animis et laudis honore
Cicchinus Carboque pari maœortia ductu
Sese in bella ferunt, et latum pulsat uterque
Concitus aequor equo, spumantia fraena terenti.
Ambo pares aetate, pari mihi pignore juncti,
Nam gemina associata soror, face utrumque jugali
Adnectens, pariter per mutua vincula jungit.

Segue la fanteria d'ogni parte d'Italia. L'Alviano, diviso in due parti l'esercito, fa combattere una finta battaglia, ove si mostra assai valore. Ritiransi quindi ai quartieri d'inverno, affrettando coi voti la primavera e le battaglie.

LIBRO QUARTO.

—

In Verona il Pitigliano il Gritti e l'Emo, aiutati
dal governatore Francesco Bragadino, attendono alle
fortificazioni, e radunano in campo aperto i soldati.
Intanto il Nume dell'Adriatico, Venezia, si avvia
con triste sembianza alla reggia di Nettuno.

LA REGGIA DI NETTUNO.

In mezzo a l'acque in regïon profonda
Entra una valle e in ampio sen s'incurva,
Cui non batte onda nè vento affatica,
Cui nè tempesta nè procella arriva:
Alta quïete v'abita, e tranquillo

———

(v. 127-156)

Est mediis sub aquis, pelagi in regione profunda,
Vallis, in immensos alte porrecta recessus ,
Quam nulli tundunt fluctus, non flamina pulsant,
Quo nullae penetrant hyemes, nullaeque procellae.
Alta quies habitat, stabulant magni ocia Nerei.

Stavvi il gran Nereo. D'una parte e d'altra
Ergon le spalle i glauchi equorei monti,
E cheto stagna il mar ne l'imo letto.
Quivi del Padre Enosigèo son l'alte
Case: intorno di murice vestite
Ridon le stanze ed incrostati i muri
Di lucide conchiglie; in su le porte
Scabra squamma si stende, e l'alga molle
Ed il musco marin coprono il suolo.
Assimiglianti al portamento e al viso
Sovente le Nereidi entran quest'aula,
Ed i verdi Tritoni in un con elle
E di Forco ogni schiera e le balene
Co' delfini e con esso Palemone.
Questi Lari la Vergin Panopèa,
Questi Teti e Cimodoce frequentano
E Spio e quanti ha la marina iddii.

Hinc hinc caerulei montes latera ardua tollunt,
Ima sedent, placido stagnant maria omnia fundo.
Hic Patris alta domus Neptuni: murice tecta
Obsita stant circum; muri incrustantur adesis
Concharum testis; postes squama aspera vestit;
Alga solum mollis sternit muscusque marinus.
Hanc celebrant facie et cultu Nereides aulam
Assimiles, viridesque dei Tritones , et omne
Phorci agmen, Cete et Delphines et ipse Palaemon.
Hos Tethys, hos Virgo lares Panopea frequentat,
Cymodoce Spioque et cetera Numina ponti.

E gli squamosi popoli confondonsi
In turba innumerabile, ed a schiere
Fendon rapidi il mar. I flumi anch'essi
Per ogni suol correnti, appena a' vasti
Equorei campi si gittâr, bruttati
Ancor le spalle del travolto limo
E affaticati de la lunga via,
Scorron devoti a salutar la reggia.
Nel mezzo a quella in alto soglio assiso,
Vitreo-raggiando, tien Nettun lo scettro,
Ed in sua glauca maestà tremendo
Regge i freni del regno e ferma i dritti
E a tutti impon sue leggi. Intorno a lui
Giusta lor dignità schieransi i grandi
Ed i numi più illustri e i fiumi annosi

Squamosi innumero populi sese agmine miscent
Condensentque choros, et cursibus aequora findunt.
Omnibus ipsa etiam labentia flumina terris,
Cum primum in campos se decolcere liquentes,
Turbida adhuc raptoque humeros deformia limo,
Sint licet illa viae longo defessa labore,
Ad Regis tecta uda fluunt, limenque salutant.
Hic medius solio nixus Saturnius alto
Sceptra tenet, vitreum radians, glaucaque verendus
Maiestate Pater regni moderatur habenas,
Dans·jura et leges condens et plurima sciscens.
Stant Proceres circum primique ex ordine Divi

E gli affini agli Dei. Lungi l'oscuro
Volgo s' ingreggia e la minuta plebe.

Alla dolente Venezia, viepiù atterrita da un sinistro presagio di Proteo, porge Nettuno conforti e promesse; di che ella parte racconsolata, incuorando i cittadini a correre all' oste del Pitigliano. È questa formata di genti accorse da ogni parte d'Italia, e comandate ciascuna da valorosi capi; un Malvezzi di Bologna, un Della Volpe d'Imola, un Rangone di Modena, un Fregoso di Genova, un Borromeo di Milano, e cento altri: aggiungonsi poi le forze ausiliarie di Francia e di Spagna. A tutti volge il Pitigliano parole inanimatrici, e dice doversi attendere il giungere del nemico, non potendosi, per divieto del Senato, andare ad assalirlo ne'suoi confini. Reca intanto il Bragadino oro e provvigioni, doni del pubblico consiglio veronese. E quindi il Pitigliano elegge, in riva all'Adige verso levante, il luogo per l'accampamento, e, accintisi i soldati ai lavori, si ritira in un bosco.

Grandaevique Amnes et Stirps affinis olympo:
Ast vulgus procul obscurum et plebs infima sordet.

LIBRO QUINTO.

—

UN BOSCO ANTICO.

Denso di pini e picĕe chiomate,
D'ombrosi faggi e di dodonie querce,
Era al parrasio Pan sacrato un bosco,
Nè d'appressare a quel dura bipenne
Osò la prisca età, nè la più tarda
Una ne svelse inaridita fronda :
Tanto l'onor, tanto l'orror del bosco!
Caliginoso e scuro un tempio antico
Sorge tra'l nereggiar d'edera e muschio;

(v. 1-32)

Lucus erat patula pinu piceaque comanti
Densus et umbrifera fago ac dodonide quercu,
Parrhasio Pani dictus sacer. Hunc neque prisca
Ausa aetas unquam est rigida temerare bipenni,
Postera nec putrem defringere caudice ramum :
Tantus honor sylvae, tantus fuit arboris horror!
Delubrum in medio muscoque ederaque nigranti
Stat vetus obscurum et multa caligine tetrum.

Ove un' ara sostien fatto di cedro
Il simulacro de l' Iddio, che i raggi
Del febèo cerchio con le corna imíta,
Ed ha caprino piè, pelosi stinchi,
Petto stellato e rosseggiante volto,
E la siringa ed il vincastro in mano.
Stanno compagni a lui Satiri e Fauni
E le Parche sorelle; e a' dì solenni
Vi traggono i pastori a le devote
Cerimonie, immolando agne e capretti,
E coronando le tazze, di lieto
Liquor spumanti, per mercè che il gregge
Fu salvo e crebbe di novelli parti.
Anzi è fama, che, quando, ne l'esperia
Marina sceso il sol, notte s'accampa
In cielo e, trionfante, sovra il mondo
Gitta il suo fosco vel, Pane egli stesso

Ara Dei effigiem cedrino e stipite fulcit,
Phoebaei radios imitantem cornibus orbis,
Capripedem, vultu rutilantem, cruribus hirtam,
Pectore stellatam, syringa pedumque tenentem.
Stant comites Satyri et Fauni Parcaeque sorores.
Pastores festis sacra ad libanda diebus
Huc subeunt, caesisque agnis operantur et haedis,
Plena coronantes hilari carchesia baccho,
De grege servato grati et foetu insuper aucto.
Quin fama est, superos cum nox evadit in axes
Et piceo involvit victrix velamine terras,

E i boscherecci Dei e le frementi
Driadi, o de' verdi prati abitatrici
O de' gioghi o de' liquidi cristalli,
Ivi intreccino insiem l'idalie danze,
E, per la man tenendosi, quel tempio
Trovino e quell'altar, con lungo giro
Passando intra le piante. Onde a que' suoni
Nel cupo letto l'Adige destato
A le rive sul gomito s'appoggia,
E guarda le confuse schiere, e i Fauni
Danzar procacemente, e a poco a poco
Di venerëa fiamma arder le Ninfe.
Re de la danza Pan gonfia le canne
E fa rotar le coppie, infin che mostri
Fosforo da l'Eoo la bionda testa.

Sole sub hesperiam Calpen Tethymque fugato,
Pana ipsum et nemorum Dicos Dicasque frementes
Inter se Dryadas, simul et quae prata frequentant
Florea, quaeque iuga, et citrei quibus atria fontes,
Per lucum idalias mistim exercere choreas,
Atque aram ac templum, nexis per mutua palmis,
Lustrare, et longo sylvam intertexere gyro.
Ipse Athesis, fremitu flucio experrectus ab alto,
Riparum aggeribus nixus cubitoque supinus,
Coetum incompositum spectat saltusque procaces
Faunorum et Nymphas sensim paphio igne calentes.
Dux choreae calamos Pan inflat et agmina torquet,
Phosphorus eoo donec caput exerat ortu.

21

Il Pitigliano l' Emo il Gritti il Bragadino, entrati nel bosco, siedono all'ombra. Rammemora il Pitigliano gli antichi eroi; l' Emo esalta il valore guerresco: il Gritti afferma che le belliche glorie, a riuscire immortali, hanno bisogno della poesia, testimoni le antiche città dell'Asia tuttor sì famose, benchè egli ne' suoi viaggi avesse inutilmente cercati i loro vestigi. A questa sentenza si accorda il Pitigliano, e, narrando le proprie geste, professa di avere amata sempre la virtù per sè stessa, non sì per altro da non desiderare che dovessero i suoi fatti riuscir materia di carmi. Mostra il Bragadino servire la forza guerresca ad apparecchiare la pace, le arti a fecondarla; e il Cotta, venuto ambasciatore dall'Alviano, prepone il forte ingegno al forte braccio, quasi possa talvolta quello fare anche le parti di questo, non mai questo di quello. Dopo ciò il Pitigliano, cui sta fissa in mente l'onta degli Europei, che, sempre in guerra tra loro, lasciano agl'Infedeli il sepolcro di Cristo, chiede all'esperto Gritti la via che abbia a tenere un legno veneziano per Gerusalemme e i costumi di quelle genti. E il Gritti descrive largamente il viaggio; parla de' Luoghi Santi, e dei barbari colà insediati, rifacendosi da Maometto nel modo seguente.

NATALI DI MAOMETTO.

    — Macon, onta del mondo, orribil mostro
Di pravità, l' äere attosca. Il seme

(v. 779-821)

Maumetes, mundi opprobrium, scelerisque profani
Horribile ostentum vafra inficit aethera tabe.

Imparate de l' uom, nè maraviglia
Vi faran l' opre sue. Dai rotti claustri
Un dì fuggendo (dirò quel che intesi
Da un sacerdote d'Iside, quand'io,
Ospite del niliaco paese,
D' assai cose il cercai), Api d' Arabia
Per le contrade e gli arenosi campi
Venne a' monti, ove gravida Pancaia
Suda profumi; e là, mentre le lunghe
Notti pasceva il cinnamo ed il costo,
Lui dal freddo mirò carro l' argentea
Luna e (mirabil cosa!) arse col toro
Giugnersi in stretta marital: cotanta
Urge la terra e il ciel forza d' amore!
Non indugiò, balzò dal cocchio, e, fatta
Giovenca, il toro sofferì, portando

Discite natales hominis, minus acta movebunt.
Apis ab effractis Arabum per littora septis
(Isidis ut docuit, referam nam dicta, sacerdos,
Advena niliaci dum plurima sciscitor orbis)
Perque vagos campos olim montana petivit
Culmina, qua gravidos Panchaia sudat odores,
Dumque ibi per longas et costum et cinnama noctes
Pascitur, e gelido videt hunc argentea curru
Luna, bovique cupit (mirum) in connubia jungi:
Tanta polum et terras vesania torquet amoris!
Nec mora; desiluit bigis, et imagine vacca
Passa bovem est, de quo compressu crimen onusque

Di quel congiugnimento un criminoso
Incarco, a cui fe' de le nubi un velo.
E perchè di sua fiamma un pegno avesse
Api diletto, or sacro a morte e cerco,
Sul destro fianco in un candor lunato
La propria effigie gli stampò, seguente
Gli usi e le forme ch' ella muta in cielo.
Ma quando le sue corna ebber compiuto
.Il nono mese, ella in orrendo speco
Sotto un monte sabèo venne tra 'l buio,
E partorì l' infausta onta del cielo;
Ma nutrir quel vil capo a niun commise.
Onde sembrò che da notturni mostri
I cibi avesse e da sinistri augelli,
E da cagne infernali la mammella.

Plena tulit furtim, vitio inter nubila tecto.
Ne tamen ulla suae placitus non pignora flammae
Quaesitus luctu ac leto sacer Apis haberet,
Lunato latus ad dextrum candore notavit
Ipsa suam effigiem, moresque habitusque sequentem,
Quos ea per tractus rapidi servaret olympi.
Ast ubi nona suos complerunt cornua menses,
Tum specus horrendum in tenebris sub monte sabaeo
Intrat, et infaustum caeli Dea dedecus edit,
Despectumque caput nulli commendat alendum.
Monstra putant nocturna cibos dirasque volucres,
Tartareasque canes pressasse in pabula mammas.

È voce che del fatto avesser soli,
Meravigliando a quel connubio strano,
Arpocrate notizia ed il latrante
Anúbi, in quella che per valli e monti
Givan Api cercando. Ma pur, messo
Sul labbro il dito, quei silenzio impose,
E questi l'obbedì; sì che nessuna
Ebbe fede il racconto. Ma quel triste
Flagello, prole di nefandi amori,
Ben di costumi e d'arti rispondente
A la ragion del crescer suo, sitisce
Sacrilegi e delitti, e, a sè cercando
Culto di nume, la sua stirpe vanta
Di ciel discesa, e a la sinistra spalla
Appon, materno documento, il fregio
Di radïante luna, statuendo

Hoc soli Harpocrates factum et latrator Anubis,
Montibus et curvis quaerentes vallibus Apim,
Mirati veneris speciem, sensisse feruntur.
Ille tamen, digitis presso ore, silentia jussit;
Paruit iste: fidem meruit sic fabula nullam.
At scelus infelix, thalamis stirps nata nefandis,
De victuque animi mores indutus et artes,
Furta cupit vetitumque nefas, cultusque deorum
Affectans gentem ductam sibi jactat olympo,
Et lunare decus, matris documenta, figurat,
Apponitque humero radians insigne sinistro,

Che di sua gente un dì fia quello il segno.
Indi feroce squassa l'armi, e lunge
Dal patrio ciel porta la guerra, e innova
Le leggi, e, posto su l'altar sè stesso,
Trae da' successi ancor nova esca a l'ire.
Così levasi un trono, a cui sottentra
L'un dopo l'altro erede; e al trono aggiunge
Forza e poter con le ruine nostre. —

Que' popoli, nella pace, sono efferati e lascivi;
alla guerra si determinano per capriccio dei Re.

ARTE BELLICA DE' TURCHI.

— Ma, s'empia rabbia il Re sospinga a l'arme,
Ratto d'innumerabili caterve
Di cavalieri il suol calpesto trema
Intorno intorno, e ne rimbomba il cielo.

Tale suis specimen statuens fore gentibus olim.
Mox quatit arma ferox, patrioque egressus ab axe
Bella gerit, legesque novat, seque ipse colendum
Insinuans rabiem successibus efferat ipsis.
Tum solium condit, serie quod posterus haeres
Excipit, et nostris firmatque augetque ruinis.

(v. 890-908)

Cum vero ad bellum Regem furor impius excit,
Ilicet innumeris equitum sola pulsa catervis
Circumquaque tremunt, fremor horridus aethera pulsat.

Per tutti i campi una gran selva d' aste
Precipita, sì come nebbie o nuvole
Che invadano repente l' aria, quando
Giove apparecchia le autunnali poggie
E piovosi vapor' la terra esala.
Quindi s' addensa atra falange, ascosa
Sotto a ricurvi scudi, ed ha falcati
Brandi al sinistro fianco e sovra il capo
Le tortuose fasce del turbante.
Così armati, gli uffici empion di marte.
Che se contro agli opposti nemici
Li cacci acre furor, tutta in caterva
Piomba la legion, sì come grandine
Che scroscia ed al seren dà tosto il loco.
Poi che, se frangerai con genti avverse
L' impeto primo, languirà la furia

Densa ruit campos hastarum sylva per omnes;
Ceu nebulae involvunt volucres et nubila caelum,
Cum parat, autumni sub sydere, Juppiter imbrem
Humidus, et pluvios exhalat terra vapores.
Mox coit atra acies, sub parmis tecta recurvis,
Falcatosque latus gladios accincta sinistrum,
Et caput aggestu intorto glomerata tiarae.
Haec sunt arma, quibus meditantur munera martis.
Cum vero adversos vocat impetus acer in hostes,
Tota catervatim legio ruit, ut cadit imber
Grandinis, aetherio mox succedente sereno.
Primum etenim objecto si fregeris agmine cursum,

Tosto e il bollor risederà compresso.
Null' arte in tanto numero: s' accolgono
Confusi, qua e là, dove li chiama
L'ardor, son vòlti; non conoscono ale
E non fronte d'esercito, e non hanno
Pei faticati sussidiaria schiera. —

Così séguita il Gritti a narrare di quei popoli e
dei loro costumi; e, quando egli tace, il Pitigliano
si leva, e torna cogli altri all'accampamento.

Turbo ille elanguet fractus, vis tota residit.
Ars nulla in numero; mistim addensentur, et huc huc,
Qua vocat ardor, eunt: non illis cornua, non frons
Nota; fatigatis non subsidiaria turma est.

— ∞⚙∞ —

LIBRO SESTO.

—

Giunto al campo, il Pitigliano compone un tumulto sorto tra i soldati. Cade la notte, e il dio Sonno, coronato di vizzi papaveri e coprendo delle grandi ali una famiglia innumerevole di sogni e larve, regna nel mondo. Al Pitigliano dormente va a porger consigli il padre Adige: si giovino della fortuna mentr' ella è propizia a Venezia: in breve muterà; contro Venezia congiurerà mezzo mondo. A giorno giunge in fretta un nunzio, riportando avanzarsi i nemici di' qua da Trento; però i duci si mettono sull' avvertita, assicurando i luoghi più esposti. Salgono i Tedeschi il monte di Brentonico, [17] e ivi sfogano le prime ire nella casa di Querquero.

QUERQUERO ED ALCE.

Quel dì con triste auspicio era sacrato
A le tue nozze, o Querquero, o il più bello
Di quanti s' aggirassero garzoni

[v. 323-395)

Illa tuis tristi auspicio sacrata hymenaeis,
Querquere, lux fuerat, quo non formosior alter

22

Per la ricca di ghiande alpe nativa.
La vaga chioma e l'aureo de le gote
Adombramento a te conciliata
Avean la già severa anima d'Alce;
E quell'aurora nuzïal i giovani
Equali a te, l'equali a lei donzelle
V'avea raccolti intorno, e insieme tutti
De la contrada gli uomini e le donne
E i fanciulli ed i vecchi. A la tua porta
Era l'edera fregiò, e il lauro a l'atrio;
E di vivande s'imbandïa la mensa,
E il generoso vin fervea ne' colmi
Nappi, e trillava lieti suoni il flauto.
Ratto a mezzo il convito un fragor d'armi
S'ode, e le feste bellica onda involve.

Glandiferos tractus, patrias nec gressibus alpes
Lustrabat. Tibi caesaries argentea et, auro
Æmula flaventi, per mentum reptilis umbra
Iampridem austerae mentem expugnaverat Alces,
Hicque dies dictus thalamis acciverat omnes
Aequaevosque tibi iuvenes Alcaeque puellas,
Tum cunctas pagi matres puerosque virosque
Atque senes. Ederae ad postes, per limina lauri
Pendebant: dapibus cumulatae ex ordine mensae;
Pocula nobilitas genialis laeta Lyaei
Plena dabat; cantus efflabat tibia acutos.
Hic furor armisonus media in convivia ferro
Grassatur, festasque epulas belli obruit unda.

Poi che colà, tratta agl' indizi, accorsa
Era da tutte parti, e fremea strage,
Fitta insana caterva. Incontanente,
Rovesciate le tavole, si pugna.
Afferra ognun l'armi che puote, afferra
E va contro al nemico. Su le soglie
In furioso aspetto orribilmente
Marte già freme. Ma non son le falci
Atte a battaglia, non le marre o i sarchi;
Nulla valgon rastrelli è curve zappe
Contro aspri brandi, dardi, aste, bipenni.
Pure il misero vulgo a quella zuffa
Vola, e a la fuga l'onor suo prepone.
Giace l'un trapassato ambe le tempie,
Ed è nel cieco furïar calpesto;

Ioerat indiciis excita huc undique denso
Agmine turba ruens stragemque insana ciebat.
Ilicet eoersis miscentur proelia mensis.
Quisque rapit quae tela potest, rapit et oolat hosti
Oboius. In primo Mars frendet limine, oultum
Efferus, immanis rabida implacabilis ira.
Sed neque sunt falces aptae, non sarcula bello,
Non marrae; nil rastra calent curoique ligones
Contra enses rigidos, contra hastas, gaesa, bipennes.
Haec tamen infelix in bella furentia oulgus
Praecipitat, maoultque fugae praeponere laudem.
Hic iacet in geminas fissus caoa tempora partes,
Calcaturque miser caeco feroente tumultu;

A un altro insozza la supina faccia
L'altrui tallon, mentre dal sen squarciato
Fuor col flotto sanguigno esce lo spirto.
Rotti i precordi, geme questi, e quegli,
Lacero i fianchi e l'inguine, il terreno
Morde, su cui testè baldo correa.
Gran ferità ne le diverse morti.
Ma già dispersi i giovani al nemico
Lascian libero accesso a' penetrali:
Da le porte s'irrompe; ivi riarde
L'empio furor; trepidi bimbi e vecchi
S'assalgon: rabbia e crudeltà per tutto.
Querquero, la sua cara Alce nascosta
Ne la vil parte ove abita l'armento,
Non lungi stava con arco e saette,

Ille supina pedum foedatus calcibus ora
Tunditur, exhalans per apertum pectus in auras
Rubrum animae fluvium. Gemit hic, praecordia ruptus;
Ille, inguen pariter discissus et ilia, pulsat
Ore solum, per quod saltus modo duxerat altos.
Multa necis feritas, facies diversa. Juventus
Fusa aditus hosti media in penetralia pandit.
Irruitur portis: iterum incrudescit ibi ardor
Impius; in trepidos itur puerosque senesque,
Turbida ubique furit rabidi vesania martis.
Querquerus in latebris charam qui absconderat Alcen,
Qua despecta domus pecorique habitanda recessit,
Non procul ipse manum induerat cornu atque sagittis,

Per far, se amica era la sorte, schermo
A la sua sposa. E quando tra le stragi,
Fatto signor de l'uscio e de la casa,
Fin le stalle a spiar venne il nemico,
Ecco demente Querquero non soffre
L'ombre più oltre, e, spinto dall'amore
E trepidando pel dolce imenèo,
Da la tana prorompe e agl'invasori
Gruppo avventa di dardi, che mortali
Si tinser tutti ne le calde vene,
L'un fitto in mezzo a la forata fronte,
L'altro per gli occhi nel cervel trascorso,
Altri nel collo entrati o ne la strozza.
Pur non valse a cacciar tutta la schiera.
Si fan più densi e al vergognoso esizio

Praesidio nuptae, si fors foret aequa, futurus.
Atque ubi per caedes, adituque domoque potitus,
Hostis init, lustrans usque ad praesepia, tectum,
Ecce amens animi non ultra Querquerus umbras
Ferre potest, thalamis metuens dulcique hymenaeo,
E tuta prodit latebra, face percitus Alces,
Spiculaque adversis crèber letalia torquet,
Quorum quaeque haustus calidi suxere cruoris,
Infixa haec mediae terebrato margine frontis,
Haec transmissa oculis calidoque illapsa cerebro,
Haec iugulum subter, collum illa affixa sub altum.
Non tamen evaluit numerum propellere totum.
Agmine densato subeunt, torvique feruntur

D' un sol garzone spingonsi feroci.

Ed Alce allor, a così gran periglio

Del suo consorte, Alce, che senza lui

Non soffrirebbe il tedio de la vita,

Forte stridendo e lacerando il crine

Sparso intorno a le spalle, esce e, balzata

Tra Querquero e le ostili armi (cotanta

Virtù le infuse egregio amor), — Deh! l'armi,

Esclamò, deponete. Egli è il mio sposo.

Se nulla in voi mal provvido commise,

Io son cagion, io per sua man v' offesi;

Me che il merto colpite, se vendetta

Volete pur; o ci salvate entrambi,

Che vi sarà gloria maggior. — Diceva.

Ma il duro stuol a Querquero s'avventa,

Unius in iuvenis caedem exitiumque pudendum.
Alce ibi, coniugii tanto discrimine victa,
Taedia quae vitae sine sponso ducere nolit,
Exilit, immissos per colla et terga capillos
Dilacerans, feriensque leves ululatibus auras,
Et media, hostiles inter, iuvenemque, cateias
(Ausum amor eximius tantum dabat), — Arma, preca-
O cohibete Viri. Coniunx mihi debitus iste.   [tur,*
Si quidquam in vos est pro me male procidus ausus,
Causa mea est, ego vos armis ferioque necoque;
Perdite me meritam, si facta ulciscier ira est,
Vel servate ambos pariter, quae gloria maior. —
Dicebat. Sed dura cohors in Querqueron ibat,

E nel petto e nel capo e per la faccia
Colpisce quel meschino e alfin l' uccide;
Poi su lui, oh viltà! gitta spirante
Alce, che gli dèi chiama, se a crude opre
Veglia alcun dio. Così, per aspri fati
Querquero infelicissimo, finfano
Tue nozze, ed Alce tua così t' abbraccia.

Da quella casa la strage si diffonde intorno.

ALTRE CRUDELTÀ DE' TEDESCHI.

Trafitto è l' arator curvo sul curvo
Aratro, e i solchi, ch' egli aprì, del proprio
Sangue irriga: altri a le consorti in braccio,
O tra' vepri nascosi o ne le stalle,
Miseramente l' empio ferro impiaga.

Transfodiens miserum in pectusque humerosque ca-
                                        [putque ,
Ora simul gladiis foedans lacerumque trucidans,
Seminecemque super provolvens turpiter Alcen,
Clamantem Superos, si qui fata impia cernant.
Sic tua cesserunt, fatis miserande sinistris
Querquere, coniugia, et tua sic te amplectitur Alce.

(v. 445-460)

Curvus ad incurvum truncatur arator aratrum,
Quosque cavat, proprio rigat arvi sanguine sulcos.
Coniugis hunc gremio latitantem, vepribus illum,
Inventum hunc stabulis miserum fodit impius ensis.

Non giova al vecchio tremulo la bianca
Fronte, non al fanciul la vana etade
O 'l supplicar di lagrimosa madre.
Marte nulla discerne. Quella donna
Sopravvive a la strage, de la cui
Persona turpemente arse il soldato;
L' altre son esca de la rabbia atroce.
E, poi che spenta la sanguigna sete
E ottuso fu l' acciar pe' colpi, e alcuno
Già non restava che opponesse il petto,
A la preda si corre, e tutto fura
E tutto spoglia il Teutone vincente,
E, perchè nulla sia di marte ignaro,
Ciò che non può rapir dona a le fiamme.
Empie il gran fumo le celesti volte
Di picea nube, e crepitando s' erge
Tortuosa da' culmini la vampa.

Non coma cana senem tremulum puerumce tuetur
Suppliciter lacrymosa parens et inutilis aetas.
Mars nullum discrimen habet. Caedi illa superstes
Femina, de cuius facie mens turpis inarsit
Militis; ast aliae rabidi sunt pabula belli.
Sanguine ubi satiata sitis, calidusque secando
Ensis hebet, nullusque ultra est qui tela moretur,
Curritur ad praedam: spoliat, rapit omnia victor.
Neve [18] nihil saevi martis non sentiat iras,
Ignibus involvit Teuton, quae ferre gravatur.
Fumida vis picea clarum tegit aethera nube,
Flammaque culminibus crepitans vaga fertur ad auras.

Dionisio di Naldo, avvertiti que' fochi, sale taci-
tamente il monte dall'altra parte. Intanto il Pitigliano
fa recare le artiglierie contro il castello della Pietra, presso a Roveredo, tenuto da' Tedeschi; e Giunone, presa figura di cavaliere veneziano e così ap-
parsa di qua dal Benaco tra gli ausiliarii Francesi,
dice loro vergogna perchè, alleati di Venezia, stieno
ora vilmente inoperosi; quindi ira tra Veneziani e
Francesi, ma a sedarla appare improvviso il Pitigliano, fatto da Giòve, per intercessione di Marco,
avvertire della frode giunonia. In questo mez zo Dionisio di Naldo è in vetta al monte, e assale i Tedeschi
sparsi a far bottino : la battaglia fe.ve.

VITTORIA DI DIONISIO DI NALDO.

Già rosseggia il terren, già la battaglia
È constrata di morti, e strage a strage
S'aggiunge e sangue a sangue. Essa Vittoria,
Dubbia da prima, or certa è già, nè guarda
Degli Alemanni a le più fitte schiere
D'ogni parte raccolte ad una pugna,
Ma con l'ale sonanti a' Veneziani

(v. 737-753)

Iam rubet et tellus, iam pugna cadavera calcat;
Stragem auget strages, fluit auctus sanguine sanguis.
Ipsa, anceps quae iam fuerat, Victoria pendet
Versa, nec arctoum numerosius aspicit agmen,
Undique conflictum quod se densarat in unum;
Tota illa in Venetos plaudentibus advolat alis.

23

Gittasi. E lieta de l' evento fama
Con securo messaggio incontro vola
Al Pitiglian che appressa, nunziando
Esser le prime austriache falangi,
Messe di ferro a morte aspra, cadute.
Nè indugia, posto sul ritolto monte
Presidio, il Naldi a comparir, e al Duce
S'offre vittorïoso e sì gli parla:
— Compiuta è l'opra, Capitan preclaro,
E tal sia la fortuna incontro agli altri,
Qual con sì fatti auspicî l' impromette
Giove propizio. Sanno omai coloro,
Cred' io, che non con montanari inermi,
Ma con forti guerrieri hanno contesa. —

Lieto di ciò, il Pitigliano si volge tutto alla
espugnazione della Pietra; tuonano le artiglierie, ma

Iamque hilaris facti fama obvia, vecta volatu
Laetisono, haud dubia Ductori voce propinquo
Nunciat arctoas ferro cecidisse phalanges,
Prima neci Austriacae missa agmina gentis amarae.
Nec mora; praesidiis positis sub monte recepto,
Naldus adest, victorque Duci se protinus offert,
Atque ait: — Exactum est facinus, clarissime Ductor.
Sic eat in reliquos sors omnis, ut aequus ituram
Iuppiter, auspicia haec largitus, ab aethere monstrat.
Non cum monticolis sensisse et inermibus illos
Rem sibi crediderim, sed cum bene fortibus esse. —

quella, piantata nel macigno, non trema. La notte il Capitano Tedesco, spronando con parole i suoi, scende per rapire l'artiglierie nemiche, e comincia a trucidare quei soldati; ma le trombe squillano, la battaglia s'impegna, il Naldi ritoglie le artiglierie a' nemici [19], i quali si ritirano. Poi il Pitigliano manda diversi duci a ricevere od espugnare, secondo che si rendano o resistano, i castelli sparsi sui monti, ed egli rimane alla Pietra; ma, perchè i Tedeschi non s'arrischiano più ad uscire e i Veneziani contro l'inespugnabile ròcca nulla possono, langue l'opera da entrambe le parti. L'irrequieto Marte grida che quello è spettacolo da Ninfe, e vola nel Friuli a vedere colui, che, sebbene giusto e pio, gli assomiglia in valore; l'Alviano.

LIBRO SETTIMO.

—

Tornata primavera, Massimiliano invia Sixt Trautsohn con un esercito nel Friuli: siano forti; ricor-
dino che Venezia aduna sue genti agli sbocchi delle
Alpi, certa ch'ella è di non tener fronte a' Tedeschi se
giungano in campo aperto. Invano Fotide, che, amata
da Apollo, leggeva nel futuro ma, per avergli rotta
fede, non era creduta, predisse fati sinistri: l'esercito partiva animoso, e per anguste vie riusciva ad
occupare le alture e la rocca di Cadore. Rapido tende
l'Alviano a quella parte, e, temendo non l' inimico
possa eluderlo per l' ampiezza de' luoghi e l'ombre
de' boschi, commette ad Antonio Pio di guardare la
sinistra parte, ed egli gira da ritta occupando i luoghi atti a battaglia e avendo compagni Pietro dal
Monte e i due Malatesta: il Cornaro e il Savorgnano
girano largo, precludendo al nemico ogni altra usci-
ta. Ed ecco sul ripiano di un monte Tedeschi e Italiani si veggono; questi si dispongono a combattere,
ma Sisto, temendo a un tratto che non gli vengano
attraversati al ritorno gli angusti passi, dà indietro
con tutto l'esercito. Se non che si abbatte all'Alviano
e gli è forza accettare la impensata battaglia.

L'ALVIANO UCCIDE SIXT TRAUTSOHN. [20]

Sisto nel mezzo a l'ordinate file
A ricever con l'armi s'apparecchia
L'instante Venezian, la forza prima
Degl' irrompenti ricacciando indietro;
E, fattosi davanti in su l'aperta
Fronte del cuneo, stiè di contro a l'acre
Alvïano, e primier levò la destra
Avventando da lungi un ruinoso
Dardo, cui l'àer seconda, e premurosa
Drizza al segno Giunon; poi che discesa
Era Giunone a regolar le sorti.
Ma di Giove il favor s'oppose a l'opra:
Chè l'Alvïan, accorto eroe, schivata
L' imminente saetta, a cui diè l'ale

(v. 323-341)

Xistus in instructo medius parat agmine pugna
Excipere instantem Venetum, primamque ruentis
Vim martis retudisse retro: progressus apertam
Ex acie in cunei frontem, stetit obvius acri
Liviadae, movitque manus prior eminus, actum
Contorquens telum, rapido quod turbine missum
Aura vehit Iunoque regit non segnis in ictum,
Ut lapsa àerio sorti non defuit axe.
Iuppiter at coeptis bonus obstitit. Impiger heros
Quippe ibi Liviades, elusa comminus hasta

Sisto e aggiunse la diva impeto e forza,
Fu sopra a l'inimico. Avea di bragia
Gli occhi, e dal labbro uscir queste minacce:
— E che? più certa de la freccia tua
Non sarà la mia spada, o Sisto? Or prendi
Questa da l'Alvian non vergognosa
Morte: tutta seguace avrai tra poco
La gente tua, perchè tu non viaggi
Al Tartaro da solo. — Avea ciò detto;
E di colui già rotta era la gola
Di mortal punta; intepidiron l' armi
Per copia d'oro prezïose, e Sisto
Fuori col sangue suo l'anima diede.

Il Cornaro e il Pio sopraggiungono: i Tedeschi
così sono stretti d'ogni parte, nè resta di loro chi
vada ad annunziare la sconfitta. L'Alviano erge allora a Marte un trofeo dell' armi nemiche; poi si
volge contro quelli rimasti chiusi in Cadore, sulla
cui rocca stava ancora l' Aquila.

Quam Dica impulerat Xistusque intorserat auctor,
Huic subit. Igne oculi radiabant, atque minaces
Sic dabat ore sonos: — Numquid non certior hasta,
Xiste, tua meus ensis erit? te, haud nempe pudendo, hoc
Funere Liciades donat, quem tota sequetur
Mox quoque caesa acies, adeas ne Tartara solus.
Dixerat, et iugulus lato iam ruptus hiabat
Vulnere; tum domini multo exornata madescunt
Arma auro, vitam Xistus cum sanguine fundit.

MORTE DI CARLO MALATESTA.

L'assediato Cador, poi che sofferse
E l'ire e i primi de la pugna oltraggi
Da' Veneziani reduci e temette
De la sorte avvenir, docil s'indusse
A pacifiche leggi, e il suo presidio
Incolume uscì fuor. Ma fato avverso
Non però consentì che impunemente
Superba di tal vanto Adria n' andasse;
Ch' ivi tu ci abbandoni, o Carlo, o novo
Crescente onor de' Malatesta al sangue.
Ahi! mentre per le fitte armi t' accosti
Soverchio a'muri, tra 'l disio di gloria
E 'l dispregio de' fati, e il piede affretti
E di spezzar le chiuse porte agogni,

[v. 483-499)

Aræ, ubi septa tulit Veneti redeuntis et iras
Et primas pugnae clades timuitque minaces
Deinde vices, pacis sub leges aequa recessit,
Praesidio incolumi emisso. Sed fata sinistra
Non tamen impune Adriadas sunt passa potiri
Hoc decore insigni; hic etenim nos, Carole, linquis,
Ah ! Malatesteae surgens nova gloria Gentis.
Nam nimis ad muros dum crebra per arma subintras,
Spe laudum ac nimium fati securus, et urges
Ipse pedes, clausosque instas refringere postes,
Disiicit aeria saxi tibi tempora moles

Precipitando d'una eccelsa torre
Schiaccia un macigno le tue tempie, l'elmo
Insiem mischiando col cervello e l'ossa.
Pur di qual man gittato fosse a tanto
Esecrabil ferita, è dubbia cosa.
Molti del fatto recan l'odio a Giuno,
Quasi, avvisato l'opportuno istante,
Rotolasse la Dea l'infausta pietra,
D'amaro fiele a temperar le gioie;
Ma, poi che l'Alvian fulmin di guerra
Vive e 'l Cornaro dal gran cor securo,
Altri non crede che a garzon, pur ora
Segnato il mento, insidiosamente
Desse morte una Dea, ma che la Parca,
Il solito odio de' miglior' seguendo,
Con letifera man troncasse il filo.

Turre ruens, galeamque immiscet et ossa cerebro.
Qua tamen illa manu missa execrabile vulnus
Intulerit dubium est: nam multi criminis huius
In Iunonem odium referunt; loca commoda Dicam
Contemplatam, ipsam saxum voluisse molestum,
Dulcia quo tristi vitiaret gaudia felle.
Sed, cum Liviades, belli grave fulgur, et ipsa
Scipiadae superent firmissima pectora magni,
Sunt qui non credant Iuvenem levem ora, doloque
Oppressisse Deam; sed duras stamina Parcas,
Invidiam ex summis solito de more sequutas,
Letifera secuisse manu. Proh vulnus acerbum

Ahi dura piaga, ahi miserabil danno
Al fratello Pandolfo, allor che spento
Così vedrà te, Carlo suo! Non prima,
Intento a la battaglia, ebbe novella
De la cruenta sorte, ecco, ove il chiama
Ira e furor, qual forsennato ei vola.
Ir compagno al german vorria tra l'ombre,
Se vendicarlo non bramasse in prima;
E grida che gli ·autor' de l'atra morte,
E sien pur mille, in ben serrata schiera
Gli vengan contro, e contro quelli ei pugni.
Tutti gli abbatterà solo, ed al mucchio
Aggiugnerà sè stesso, inebriato
De l'ecatombe al suo fratel: cotanta
Per subito dolor pietà s'accende!
E quando a la fraterna aspra veduta

Pandulpho fratri cladesque miserrima, cum te,
Carole, sic caesum aspiciet! Nam certior auctor
Intentum bello simul ac de sorte cruenta
Admonuit, volat exanimis quo mista furori
Ira vocat. Comes ire velit sub inania fratri,
Ni prius ulcisci statuat. Cupit ilicet atrae
Auctores caedis, numero sint mille, coacto
Agmine habere omnes contra et decernere contra.
Prosternat cunctos unus, seque insuper illis
Adiiciat, laetus post missa piacula fratri:
Tanta furit pietas subito exagitata dolore!
Cui misero, postquam infelicia fratris ad ora

24

Giunse quel mesto, gli fuggiro i sensi,
S'ottenebrò la mente, e da la forza
Fu del dolor riassorbito il pianto.

Al dolore di Pandolfo partecipà l'esercito, ma chi
può dire quello della vedova Querina Gradenigo,
quando fu riportato a Venezia il misero corpo? Il Senato decretò splendidi funerali al giovine eroe. [1] —
L' Alviano intanto assedia Cormons, che, fidando
nella sua alpestre natura, gli resiste.

ASSEDIO E PRESURA DI CORMONS.

Decretò l' Alvïan che richiamate,
Se non vincenti, non avria le insegne;
E il nemico giurò le case e i figli
Salvare, o insieme cader con la patria.
Così principia orribil cozzo: a' fati
Già l'anime disposte, e questi e quelli..
Gridano a l' armi; e cadono ed uccidono
Alternamente questi e quelli. I ferri,

Ventum est, abscedunt sensus, mens frigida pectus.
Deserit, absorbet lacrymas dolor efferus omnes.

(v. 693-731)

Liviades statuit, nisi victor, signa iubere
Nolle retro: stat tecta hosti natosque tueri
Cumque cadente mori patria. Sic turbida surgit
Tempestas; utrique, animis in fata paratis,
Arma cient, caedunt utrique caduntque cicissim.

Che o per nervo o per foco apportan lungi
Morte, respingon da le mura prime
I nemici. Essi là di Marco i figli
Sottentrah con le scale, ove non s'apre
Strada miglior; già già toccano i merli
E la città costringono ogn' intorno.
Fanno altri una testudo, e sotto a quella
Fiedono i muri; non ferrata lancia
O bollente liquor, non foco o acciaro
Risospingerli può; contro le lame
A doppio fil si corre e contro l'aste.
Grandinan sassi fragorosi; un suono
Va di gridi pel cielo e di percosse.
Questi si pinge, quei respinge; è strage
Sui muri, corre per le fosse il sangue.

Quae nervo, quaeque igne procul praesentia portant
Fata, abigunt primis hostes e moenibus aera.
Ipsi ibi Marciadae gradibus scalisque subintrant
Nitentes, qua nulla viam via commoda pandit;
Moenia iam prensant, urb *parte arctatur ab omni.*
Texta alii muros subter testudine rumpunt;
Non aut aere sudes praeftxae aut fervidus amnis,
Non ignes aut tela retro detrudere possunt:
Itur in ancipites mucrones, itur in hastas.
Saxorum pluit imber atrox; clamoribus aether
Finditur. Hic subit, hic pellit: lacera ictibus aura
Sibilat; in muris caedes, cruor altus icundat

Da' baluardi già fuggon le donne,
Ove il patrio periglio aveale addotte
In armi; e già recedono del pari
Il cittadin soldato ed il tedesco.
Qual, sovrapposto a fuga d'archi, un ponte
Sta sul corno del fiume e si rafforza
Col gemino abbracciar de le due sponde,
Mentre nel letto suo l'onda contiensi;
Ma poi, se nembi ruinosi a' monti
Inondaron le cime e in ogni parte
Colme lagune stagnano, e, traendo
Piante d'alpine selve e tetti e armenti,
La flumaria imperversa, flagellato,
A la soverchiatrice ira le moli
Riverse offrendo, crolla e cade giù:

Per fossas. Matres iam propugnacula linquunt,
Quas patriae in muros discrimen et arma vocavit,
Iam simul austriacus miles patriusque recedit.
Ut, posita in fluvii medio sub mole, recurvis ·
Arcubus innixus trames super agmen aquarum
Stat, gemino amplexu firmans sibi robur utrimque,
Margine riparum dum vis se continet undae,
Ast, ubi praecipites montana cacumina nimbi
Lacere et plenis iam stagnant cuncta lacunis,
Cum trabibus raptis sylvoso vertice montis
Et pecora et stabula involvens furit improbus amnis,
Solvitur impulsu nimio disiectus ibi pons
Et versis cedit victrici molibus irae ;

Tal, poi che fu la marzïal tempesta
Fatta su tutto l'aggere più fiera,
Vinta cedé la rocca a tanto assalto.
Chè per le infrante porte impetuosi
Irrompono guerrieri, altri pei muri
Squarciati da le macchine sonanti,
Altri, su lunghe pertiche appoggiati,
Per gli alti merli. Già loco non resta
Senza nemici: entrano a torme; tutto
Il fier soldato abbatte, e lo sgomento
Ed il terror le stragi addoppia e inaspra.

Narrata dalla fama la presa di Cadore e di Cormons, Pordenone, che già si disponeva a resistere, significa per legati la sua resa; a' quali l' Alviano benignamente risponde essere il Leone verso chi non l' offende più mite che agnello. Anche Gorizia, tentata inutilmente una resistenza, apre le porte a' Veneziani vittoriosi.

Sic, ubi tempestas mavortia viribus auctis
Intumuit crevitque moras super aggeris omnes,
Succubuit miseris aræ impar pressa ruinis.
Namque per effractas volucri subit agmine portas
Vis belli; per murum alii, quem machina rupit
Ænea; per summos alii, longa arbore nixi,
Pinnarum pontes. Nullus non accipit hostes
Iam locus; irrumpunt cunei, quatit omnia miles
Horridus: ingeminat cladem pavor, asperat horror.

LIBRO OTTAVO.

—

Il giorno di Pasqua, giunge a Venezia un messo dell'Alviano, [22] e, raccontate le vittorie di Cadore e di Cormons, la resa di Pordenone e di Gorizia, espone essere animo del Duce stringere per terra e mare i castelli austriaci: mandi Venezia una flotta nel mare di Trieste. Lieto il Senato invia eletti doni all'Alviano, e, bandite per tre giorni pubbliche feste, allestisce una flotta e le prepone Girolamo Contarini. Contro di questa, autrice Giunone, si leva una burrasca fierissima, la quale sedata dal santo genio di Marco, le navi procedono alacri verso Trieste pel mare rasserenato.

APPARECCHI GUERRESCHI CONTRO TRIESTE.

Già l'Alvïano ed il Cornaro, omai
Certi che s'allestian l'armi navali
Nè mancherebbe sovra il mar la guerra,
Movean lor campo, e, con Gorizia l'altre

(297-333)

Iamque Duces, moniti classes atque arma parari
Nautica et aequoreo bellum non defore ponto,
Liciades et Scipiades sua castra movebant,

Vinte castella da le mura eccelse
Lasciando, in cor volgean novi trionfi.
E, perchè de la via forse inesperto
Non deggia errar l'esercito, sebbene
Precorran sempre i cavalieri e intorno
Mandinsi esplorator', Marte egli stesso
Innanzi a tutti va ne l'armatura
Cuposoñante, é, altrui per via spronando,
S'insinüa ne l'anime pugnaci.
La Gioventù feroce e vede e sente
Il Dio, votando a lui le proprie spade
Insanguinate ne' Tedeschi uccisi.
Intanto, de le cose osservatrice
E sollecita nunzia, avea la Fama
Recato a volo al Triestin, che Marte
Venia portando trepidi tumulti,

Noritiam .et victas altis cum moenibus arces
Linquentes; alios agitabant mente triumphos.
Hic ne forte viae imprudens exercitus erret,
Praecurrat campos quamvis equitatus in omnes
Quique loca explorent cunctas mittantur in oras,
Mars tamen horrisonis aciem praecedit in armis
Atque, iter exhortans, acidis se mentibus indit.
Ipsa Deum exultans spectat sentitque Iuventus
Et vovet ex caesis rubefactos hostibus enses.
Fama autem, rerum inspetrix et nuncia perniæ,
In Targestinos pennis ablata penates,
Iam tulerat Martem trepidos afferre tumultus,

E instavan armi al mar, giungevan armi
A gran furia per terra, ed armi presto
Sarebbero a le porte intorno intorno.
La sterile città non però trema:
Sta, confidata ne le rocce sue,
E s'apparecchia a sostener la furia
De le battaglie, ed i suoi muri afforza.
Qui munisce l'entrate, altrove innalza
Bertesche, e il loco assegna ove ciascuno
Debba operar. Giugne a le porte intanto
Col caduceo levato un messaggero,
Mandato innanzi dagli adriadi duci
L'alme nemiche per tentar; non forse
Voglian più presto a innocuo marte darsi
E di pace ascoltar leggi benigne,
Che aspettar bellīche ire, aspra ruina:

Arma instare mari, terra adventare citato
Arma gradu, portas mox arma fore undique ad ipsas.
Nil tamen hoc sterili formidinis intulit Urbi:
Stat saxis confisa suis, pugnasque furentes
Exceptura parat sese, et sua moenia firmat.
Hic munit postes, hic propugnacula tollit,
Assignatque locum quo res sint cuique gerendae.
Interea elato calvas stetit ante caduceo
Nuncius, a Ducibus Venetis ad pectora missus
Praetentanda Virûm: innocuo num cedere Marti
Mallent, et pacis placidas admittere leges,
Quam belli rabiem et diram expectare ruinam:

Quei dà uno squillo e l'ambasciata espone.
Ma gli altri allor, sè contenendo a stento
Di prender l'uom e infliggergli col ferro
Dure risposte, lo deriser forte,
E, villania dicendogli, il cacciaro.
Arse a ragione di terribil' ira
Ne l'imo petto l'Alvīan, che intese
Tanti dispregi da lo irriso Antígene;
Tremendo si voltò di guerra a l'arti
E, sdegnato così, tutto repente
Il nerbo marzīal pingendo innanzi,
Parve improvviso a la fidente ròcca.

I Triestini escono a battaglia, ma, dopo mille prove di raro valore, sono ributtati entro le mura: il dì appresso giunge anche la flotta veneziana e comincia il fuoco contro la città, la quale, stretta così da ogni parte, non però lascia di strenuamente difendersi;

Aere cavo increpuit sonitus et iussa peregit.
Illi autem vix se, quin capto foeda per enses
Responsa incuterent, cohibentes, turpiter ipsum
Irrisere hominem et verbis pepulere pudendis.
Ergo ibi Liviades, postquam spreta omnia risus
Rettulit Antigenes, iustis ardoribus imo
Pectore devervens, atroci excanduit ira,
Turbatusque animum se martis vertit ad artes:
Atque ita commotus totam rapidissimus urget
Vim belli, ac subitus fidenti apparuit Arci.

al fine si rende a discrezione, e i suoi legati sono
con ogni onore dall'Alviano ricevuti. Il quale po-
scia si impadronisce o assicura delle terre circostanti
fino a Postomia (Adelsberg).

LIBRO NONO.

—

Da una piovosa nuvola Giunone guarda con dispetto i veneti trionfi, e, per tentar nuove arti, va a Ciprigna e le giura di volersi omai svellere dal cuore l'odio al sangue troiano: perchè si azzuffano ora Austria e Venezia? non potrebbero entrambe regnare entro i confini a ciascuna sì ben disegnati dall'Alpe? rendano i Veneziani a'Tedeschi quanto hanno occupato, richiamino gli eserciti, e sia la pace. Venere, non perchè subito non travegga la frode nascosta, ma perchè teme sia venuta l'ora ineluttabile della sventura di Venezia, e però vuol meglio apparire ingannata che impotente, assente a Giunone. E questa manda Iride a Massimiliano: non aspetti che l'Alviano si avanzi a rapirgli il soglio paterno: mandi per pace a Venezia, ridomandi il territorio perduto, e, riavutolo, torni improvviso alle armi. E Cesare spaccia suoi Legati, a'quali, dopo alcuna incertezza, è dai Veneziani onestamente creduli non pure concessa la pace, ma e la restituzione del paese conquistato.

SDEGNO DELL'ALVIANO RICHIAMATO.

I duci allor, a cui s'ingiunse l'armi
Dal suol nimico subito ritrarre,
Movon l'iroso campo e lascian l'opre.
Il vecchio Niccolò, de' patti impronti
Avversator, non sofferendo in pace
Che la proclive palma si rigetti,
Ne va sdegnoso e a' Padri stessi irato;
Nè approva l'Emo quel consiglio, e ondeggia
Il Gritti, chè il Senato incolpar teme,
E pur si duole che il buon destro fugga:
Mesti, riducon l'armi a' noti luoghi.
Come talor da l'afferrata preda
Staccansi, pur non senza frusta, i cani,

(v. 274-314)

Interea belli Ductores, agmina iussi
Marcia ab hostili raptim deducere terra,
Indignata trahunt castra, atque incoepta relinquunt.
Nicoleos senior, pacti aversator iniqui,
Proclivem haud placido sperni fert pectore palmam;
It tamen indignans, Patribusque irascitur ipsis;
Legatusque itidem factum non approbat Haemus;
Grittus in ambiguo est, Patrum culpare veretur
Acta, dolet tamen hanc felicem spernier auram:
Aegri abeunt, retroque aciem in loca nota reducunt.

Inclito onor del verde Tăigéto,
I quai tra 'l bosco il cacciator sospinse
Dietro a camozza insidïata od onagro
O presto cervo; e poi, perch'ei desia
Vivo portarne l'animal, accorre,
E gli agognanti con picchiar discaccia;
Nè facile sen vanno questi, e vòlti
Sarien di nuovo, se il signor più forte
Non persistesse a ributtarli indietro;
Così gli adriaci capitani a forza
Debbon ritrarre le vittrici insegne,
Crucciati in cor de la rapita gloria. .
S'alleggerisce il tridentin paese
De gl'inimici e de la socia schiera,
Che sotto il patrio ciel tornossi in breve.

Taygeti ceu saepe canes laus prima virentis
A capta cedunt, sed non sine verbere, praeda,
Quos saltu in medio venator misit in actam.
Insidiis capream aut onagrum cervumve fugacem;
Sed mox, quadrupedem cupiens vivum ille referre,
Accurrit, flagrisque acidos absistere cogit;
Absistunt, equidem haud faciles, iterumque revertant,
Acrius exclusos dominus nisi pellere perstet:
Sic et Ductores Veneti victricia vertunt
Signa retro inviti, raptumque queruntur honorem.
Hoste tridentini tractus sociisque levantur
Praesidiis, patrios quae mox rediere sub axes.

Ma l' Alvïan, al veneto comando
D'interromper sue glorie al ciel sorgenti
E di gittar l'onor, premio a l'impresa,
Per tante morti aggiunto e sudor tanto,
Ne la piena del duol così fremea:
— O paurosi Veneti! o de' Padri
Consigli ignari di vittoria! o male
A sostener ventura grande acconci!
Perchè, se vincer non volete, trepidi
Vestite l'armi? e, quando già vinceste,
Perchè di non poter vincer temete?
Ma nè vinceste, chè vittoria piena
Questa non è; vincemmo al cozzo primo,
Ed ora in prona via stringiamo i freni.
Ove con facil occhio amicamente

Liciades autem, cum Venetùm mandata Quiritum
Surgentem caelo famam monuere decusque
Per tot quaesitum caedes per totque labores
Linquere et illustris pretium contemnere facti,
Concitus ex nimio defrenduit ista dolore:
— O timidi Adriadae! o vincendi ignara Senatus
Consilia! o magnam sortem male ferre potentes!
Arma quid induitis trepidi, nisi vincere vultis?
Aut, cum vicistis, quid vincere posse timetis?
Sed neque vicistis, cum nec victoria tandem
Plena iuvet: primam molem primosque labores
Vicimus, et prono in stadio revocamus habenas.

Vi scorgono gli Dei, non dubitate
Seguir; dispetto ha degl'inerti il cielo.
Da questo loco se il valor corresse
Libero, i poli di guerresche lodi
Riempirebbe. Così sempre a' miei
Auspizi opponsi l'avversaria sorte,
Che me, d'aure seconde invida troppo,
Di lieto corso al principiar richiama. [23] —

Così di mal animo l'Alviano ritorna, ma pur vittorioso con prigionieri e con trofei. E, già appressandosi a Venezia, gli move incontro il Senato e il Doge sul bucentauro; il Canal Grande si empie di gondole parate a festa; le vie sono gremite, stipate le finestre. [24] All'incontrarsi, il Doge dà le braccia al collo al Duce trionfante, e per l'aria echeggiano inni e piovono fiori. La nobile compagnia va con pompa a visitare il divo Marco e a rendergli grazie, indi entra nel Palazzo Ducale, ove sono con regio splendore imbandite le mense: assistono a quelle, mandate da Venere, le Grazie e le Delizie, ministra in succinta gonna l'Opulenza. Sul fine principiano i canti.

Qua Superi faciles spectant adsuntque benigni,
Ne titubate sequi: caelum aspernatur inertes.
Hic locus est, ex quo si cirtus libera currat,
Impleat aetherios bellandi laudibus axes.
Sic inimica meis semper fortuna resistit
Auspiciis, revocatque retro, per prospera cursus
Cum coepere dari, facilis nimis invida centi. —

ELOGIO DI CHIARI POETI.

Qui Marco Cara, de la stirpe d' Ocno,
E cui diresti aver mertato a padre
Esso Anfïone, con l' armonïoso
Magistèr di sua cetra l'ammirante
Silenzio rompe, e, le canore fila
Con dita curve trascorrendo e il canto
Associando, a la virtude inneggia.
Canta gli antichi eroi, Ocno ed Antenore,
Gli Euganei duci e d' Ilïon le mura
Eccelse, il pio Enea ed i fatali
Scettri de la sua gente: il veneziano
Mesce al sangue roman; e solve lodi
A quanti Italïani ebber da buone

(v. 705-783)

Marçus ibi Charas, gentem demissus ab Ocno,
Quem patrem ipsum etiam meruisse Amphiona dicas,
Solus suaviloquae mirata silentia rumpit
Arte ohelys, fidium digitos per stamina crispans,
Et, vocem associans, virtutem laudibus effert.
Hic canit heroas priscos, Anthenora et Ocnum,
Euganeosque Duces et celsae moenia Troiae,
Aeneanque pium et gentis fatalia sceptra:
Adriadas Venetos Romano sanguine miscet,
Addit et Italiae meritum decus aut quibus arma

Arti o da suo valor nome perenne;
Ma, più di tutti, a chi gli aonî calli
Cerca e al fonte inesausto si disseta.
Primo, tra questi, a te tributa onore,
Prence del grave poetar, Sincero,
Cui Partenope presta orecchie intente
E il gran coturno e l' aurea tromba ammira.
A lui d' un lato il Bembo pon, che, in mezzo
Gli ozi asolani, mèle attèo distilla
E puri favi addensa, glorïoso
D' Italo plettro e di latina musa:
Da l' altra parte il Navager gli associa,
Sacro ad Apollo, autor d' intatte cose,
Che nulla proîne se non pria tre volte
Purificato nel pierio fiume;

Aut artes peperere bonae per saecula nomen;
Praecipue Aonios cuicumque est cura recessus
Lustrare et studium fontes haurire perennes.
Hos tu primus honos inter, Syncere, seceri
Carminis antistes, resonas, caelumque canenti
Parthenopen placida facit abblandirier aure,
Mirantem cantumque tubae grandesque cothurnos.
Adiicit huic nitidos Asulana per ocia Bembum
Stipantemque favos acteaque mella liquantem,
Hetrusco insignem plectro latiaque camoena:
Naugerium hinc, sacrum Musis, intacta sonantem
Nec, nisi Pierio quae ter mersaverit amni,

26

E questi due sol d' una patria tragge,
E prosegue ambedue di pari affetto.
Poi te, cura del ciel e che tra breve
De' prischi vati eguaglierai l' imprese,
Certo incremento a le Camene e al padre
Febo, sugli altri, o Lipoman, solleva,
Cui bifida corona orna le tempie,
Fin che le venga a imporporar la sacra
Benda de l' ostro già maturo. E te,
O Sadoleto, celebra, che ardito
Sazi d' armato cittadin la cupa
Spelonca, e fai a le stellate vòlte
Giugner le strida laocoontèe.
E a te fa plauso insiem, per la sublime
Penna al cigno dircèo rassomigliante,
Lilio, al cui verso de' Rangoni suona

Promentem associat, patriaque educit ab una
Utrumque, et dat idem studium, unum ambobus amorem.
Tum te, cura poli moæque aequature priorum
Vatum orsa, aethereis locat, o Lipomane, sub astris,
Musarum et Phoebi certum patris incrementum,
Cui bifidum tempus iam nunc decus ambit utrumque,
Dum sacra maturo citta olim purpuret ostro.
Te quoque, qui armato satias animosus hiantem
Cive specum, Sadolete, canit, quique ore canoro
Laocoonteas voces ad sydera tollis.
Moæ te Dircaei similem miratur Oloris
Sublimem penna, Lili, Rangonia cuius

E di soave odor s' empie il palagio.
Nè voi taciti lascia, o Beroaldo
Insigne per la cetra, o Paleotti·
Per l' ingegno ferace. Il tien dubbioso,
In qual ordine onor gli si convegna,
Solo il Castalïon, non forse primo
Merti per voce e stirpe il maggior vanto,
Cui l' ombra e l' onda del Castalio giovi
In compagnia de le Castalie suore.
Di par con questi il Molza va, cui bea
Larga copia di lingua e Febo amico
Del suo lauro precinge. E quanta lode,-·
Si debba, o Fedro e Porzio, a voi che Roma
Con l'eloquente flume ammalïate
Quantunque volte l' alta vena sgorga,

Et cantu sonat aula et suaci fragrat odore.
Non tacitos linquit, nec te, Beroalde, potentem
Laude lyrae, ingenii nec te, Paleotte, benigni.
Unus Castalius dubium tenet, ordine quonam
Sistat honoratum, primos num primus honores
Ortsque et generis mereat; quem Castalis unda,
Castalis umbra iuvet, quem Castalidum antra Sororum.
Molcius his comes accedit, quem copia linguae
Larga beat, lauroque sua bonus auget Apollo.
Sed Vos, qui eloquii Romam suspenditis. amne,
Et Phaedre et Porti, quoties facundia praesens
Effluit et suaces fando laxatis habenas,

Quei di saper ben mostra, e sol si duole
Che con plauso eguagliar non possa il merto.
E qui per tema io sfronderò quel serto
Che a la virtude la virtù largisce?
Del vario vulgo il mormorar fuggendo,
Te froderò de le tue lodi, Antonio,
Perchè non sembri che d' inane vanto
Io celebri un fratel? Ma non più presto
Bello esempio d' amor fia, se la mèta
Cui da la prima età con vigil cura,
Febo amico e le Muse, ti volgesti,
Aver tu aggiunta non dinieghi a gloria
D' un fratello io fratel? E in cor di questo
Pensi che vuol la turba; al detto mio
Non mancheranno i testimon' giammai;

Nosse sat ostendit praeconia quanta meretis,
Sed dolet ex meritis quod non eos tollere possit.
Anne ego, virtuti virtus quae praemia donat,
Eripiam timidus? varii dum murmura vulgi
Decito, Antoni, et laudum te munere fraudo,
Vana quod in fratrem caveam tribuisse videri?
Ac ea non potius pietas laudanda feratur,
Si, quod primaevis vigili studiosus ab annis
Quaesisti cura, Musis et Apolline dextro,
Non renuam partum, in fratris decus, edere frater?
Quin, famam hanc secum expendant utcumque minores.
Nam neque ad haec deerunt testes, quae pandimus, olim,
Ne tacitus sileare mihi. Memorere quibus te

E si dirà con quante lodi Cara
Te celebrasse in quel superbo lume,
Tra tanti illustri, a le solenni mense.
Te d'apollinea fronda incoronato
Per la cesarea man quegli nel sacro
Ordine de' dottori annumerava,
A cui s' inchina questa età, te ricco
D' abbondante sermon e culto eloquio,
Lustro del piccol Saludecio al nome.
Meno esaltò di Rimini il poeta
Cantor de l'oro e de l'argento, meno
Come volea la sua presenza: e pure
Disse ch'ei, del veduto esterno mondo
Mal satisfatto, de la sacra terra
Ne le viscere avea l'occhio ficcato
E dentro il tacit' orbe avidamente

Laudibus extulerit Charas, in luce superba,
Tot Procerum celebrisque inter sollemnia mensae.
Nam te is daphnea redimitum tempora fronde,
Caesarea comente manu, inter sacra locabat
Agmina doctorum, praesens quos suspicit aetas,
Sermonis culti facilem eloquiique fluentem,
Unde Saludecii clarescunt nomina parvi.
Parcius hic Vatem argentumque aurumque canentem
Laudat Arimineum, praesens quod laudibus obstet:
Et tamen hunc memorat mundum vidisse patentem
Non habuisse satis; sed sacrae in viscera terrae
Intendisse oculos etiam, tacitoque sub orbe

Gli arcan' spiati di natura madre,
E, per qual foco riscaldata, il bronzo
Formi in suo grembo e 'l ferro e 'l piombo inerte;
E avea dimostro di quai leggi esperto
Foggi l' ingegno uman biondo metallo.
Così, poi che per lungo ordine e molti
Nomi da l' Iantèa gloria illustrati
Cara trascorse, i numeri contenne
De la sua cetra e la canora voce. [25]

Uditi altri canti, l'Alviano si volge a guardare
i dipinti della sala rappresentanti imprese guerresche, e, pigliandone diletto, ne dice gran lodi.

PITTURE DEL PALAZZO DOGALE.

— Ecco in qual mo' l' imprese nostre effigia
Vive vive il pittor, con facil tinta

Deprendisse acidum Naturae arcana potentis,
Quo caeli calefacta igni, seu concoquat aera,
Seu rigeat ferro, plumbove gravescat inerti:
Tum docuisse palam, qua fulvum lege metallum
Efficere humanae queat experientia mentis.
Atque ubi per seriem longam, per multa cucurrit
Nomina hyanteo Charas insignia honore,
Compressit citharae numeros vocemque canoram.

(v. 907-944)

— En, quae nos gerimus, Pictor quam certa reponit,
Effingens facili populosque urbesque colore!

Rappresentando e popoli e cittadi.
Di florentina man prestanza industre
Forse quest'opra colorò? Se l'alta
Tua gloria, o Vinci, non a sè l'ascrive,
Certo vendica a sè l'opera egregia
Quegli che ha teco egual la patria e l'arte,
Michel in marmi e tele Angiol divino,
Se ben gli atri romani e 'l gran conclave
Ora d'auguste imagini ei decori;
O pur, nè a l'uno inferïor nè a l'altro,
S'avvien tal plauso a Raffael d'Urbino,
Chè tengon questi di pittura il campo.
Ma di qual' opre monumenti eccelsi
Sien questi, o Prence, narra tu, ben conscio
E de' secoli corsi e del corrente:
Storia vostra miriamo o storia altrui? —

An florentinae sollers praestantia dextrae
Hoc expressit opus? Quod ni tua gloria, Vinci,
Clara sibi adsciscat, patria tibi compar et arte,
Angelus est Michael, tabulaque et marmore summus,
Qui sibi picturae tantos adscribat honores,
Atria Romulei quamvis tamen ille Quirini
Et sacrum augustis ornet Conclave figuris:
Aut, certe inferior neutro, est hac laude ferendus
Urbinas Raphael; namque isti hoc nomine praestant.
Sed quae tantorum tandem monumenta laborum,
O veteris Princeps nostrique haud nescie saecli,
Eloquere: an vestram historiam? externamne videmus?

Sì disse l' Alvïan, e senza indugio
Gli diè risposta il Venezian scettrato,
E così cominciò : — Forse tu credi
Quel, che mirasti altrove, inclito lustro
Ne la nostra città giacèr negletto ?
Noi pur gl' ingegni coltiviam, nè mancano
Qui premi a le bell' arti, e l' opre egregie
Onorando incuorìam. Pingono i nostri
E scolpiscono ed hanno in bronzo lode,
Tanto che in essi studi a noi s' agguaglia
La Grecia a pena. Col donar tuo plauso
A' presenti spettacoli, il Bellini
Ammiri tu, tu vanti un Veneziano:
E quant' alto egli sorga, se tu brami
Per ventura saper, ecco le nostre
Battaglie in terra e in mar sì come tutte

Dixit, et Adriades, non longa silentia passus,
Subsequitur Princeps, et taliter ora resolvit:
— Anne putas forsan, quod nobile videris usquam,
Liviade, nostra decus hac sordescere in Urbe?
Nos etiam ingenia excolimus, nec praemia dignis
Artibus hic desunt; laudes hortamur honore.
Excudunt nostri et pingunt, laudantur et aere,
Queis neque iam studiis certarit Graecia nobis.
Haec quod miratus spectacula laudibus effers,
Bellinum extollis Venetumque his vocibus ornas:
Qui quantum praestet, cupidus si forte requiras,
En pelago et terra nostras hic aspice pugnas,

Quel valente con diva arte colora.
Quindi lice imparar costumi e aspetti
Di genti varie, i varii cieli, i lochi
De la terra inaccessi, e le stagioni
E l' aspetto del mar, e monti e belve;
Qui ti parrà di viaggiar il mondo
Postoti innanzi e in tre parti distinto,
L' Europa e l' Asia e gli arenosi campi
De l' arsa Libia, a le qua' tutte intorno
Rumoreggia la vitrea Anfitrite,
Che, prorompendo pe' varchi atlantèi
Al continente, de l' ondoso flutto
Empie gl' interni mari, visitati
Da le triremi di Venezia e domi.
Su via mirate pur quanto vi sembri
Esser lungi dal ver la dipintura. —

Divina eximius quas omneis arte reponit.
Hinc varias hominum facies habitusque doceri,
· *Hinc caeli tractus, telluris et invia fas est,*
Temporaque, et pelagi effigiem, montesque ferasque;
Hic demum extentum lustrare videberis orbem,
Qui tibi per ternas distinguitur ordine partes,
Europam atque Asiam et Libyes loca torrida siccae,
Vitrea quas omnes circum latrat Amphitrite
Quae, per atlanteas irrumpens agmine portas
In terras, fluvio undanti maria intima complet
Omnia, quae Venetae lustrantque domantque triremes.
Suspicite, ad verum quid picto deesse putetis.

Qui l' Alviano prega di essere instrutto de' primordi della città, de' suoi antichi costumi, delle sue prime vicende. E il Doge rispondendo gli dice che, quantunque sieno pronti a onore di lui pubblici giochi, vuole che s' indugino questi al dimani, per non lasciare la sua dimanda insoddisfatta; e, tra il silenzio di tutti, principia.

LIBRO DECIMO.

—

Narra il Loredano. — Sebbene dire in poco le vicende di Venezia nel suo nascere e crescere sia impossibile, adombrerà la somma delle cose aiutato dai quadri circostanti. Dalla patria combusta due schiere di Troiani partirono, l'una sotto Enea, l'altra sotto Antenore, le quali presero il dominio, di due diverse parti d'Italia, ma, com' era ne' fati, Antenoridi ed Eneidi alla fine si mescolarono, e, mescolati, si chiamarono Veneti. Perchè, trasmutate a Bisanzio le sedi della potenza romana e rotto così miserevolmente l'argine alle inondazioni barbariche, dalle campagne di Roma in prima e poi da Roma stessa molti si rifugiarono alle sparse isolette adriatiche; ebbero quivi umili capanne da principio, ma presto anche buoni edifizi e un bel tempio, gittando i fondamenti del quale, trovarono l'aureo tridente di Nettuno, promettitore a loro di grande potenza sui mari. Per governare, ciascuna isola eleggeva due tribuni ogni anno, ed ogni anno il centro del governo mutava sede d'una in altra isola, serbando così con la egualità la concordia. E quando Attila,

il feroce cui allattarono le Erinni, portò la strage
agli Euganei, ecco a mille a mille correre gli Antenoridi verso Adria, e confondersi cogli Eneidi; altri vennero da altre parti d'Italia, sì che ora tra gli
illustri nomi di Venezia ve n'ha come di romani,
così di liguri e d'altri. Quando poi sotto i Longobardi l'Italia fu tutta servaggio e squallore, non si
offuscò sulla marina d'Adria il sereno, e Venezia
crebbe. Dal mare avevano alimento gli abitatori, sul
mare la forza; e, per norma del navigare, studia-
vano il cielo i venti le stelle. Finchè, più sicuro e
costante indizio, trovarono una pietra che, librata
oscillando, volgesi sempre al polo: vive in quella pietra il memore pensiero d'una fanciulla regale, e poichè il fatto è noto a pochi, convien raccontarlo. [16]

INVENZIONE DELLA BUSSOLA.

Ricco tra' Sciti un dì Polo regnava,
Onde Polonia il nome trasse, e a lui
Etra vivea compagna, studïosa
Di vincer tutte in sua pietà le spose
Come tutti i mariti il Re vincea.

(v. 808-857)

Rex Polus in Scyticis (dicta unde Polonia) terris
Dices erat, thalamis cui iuncta iugalibus Aethra
Certabat pietate nurus praecedere cunctas,
Rex cunctos celuti antcibat pietate maritos.

Niuna miglior di lei, niun più pregiato
Di lui tra' Sciti; entrambi retti, entrambi
Servatori del giusto, eran felici :
Ma in duol tornò le gioie una figliuola,
Che de l'idalia stella era più vaga
In suo sembiante, onde di Stella il nome
Novello aggiunse a la beltà decoro.
Sì forte preso fu di lei Gradivo,
Che, oblioso del letto dionèo,
In quel solo pensier l'anima assorta,
Stella cercava il dì, Stella la notte.
E questa al sen stringea l' armato Iddio
Fervidamente, di trattar non sazia
Con la piccola man quel terso acciaro,
Sul cui liscio nitor stupita e fisa
Rispecchiate vedea le proprie forme.

Nulla illa melior, nullusque probatior illo
Usquam erat, ambo recti, ambo feliciter acqui
Custodes, luctu nisi filia gaudia turbet,
Sydere quae Idalio formosior extitit ore,
Syderis unde datum nomen formae auxit honores.
Haec amor impatiens Marti accidit, unde, Diones
Ille torum oblitus, noctuque dieque petebat
Una Syderida, in curam male perditus unam.
Ipsa autem armatum Dicum complexa fovebat
Toto animo, ferrum illustre insatiata tenebat
Pertrectans teneris manibus, miransque tuensque
Fixa suam effigiem nitido ex lecore remissam.

Ma da l' olimpo alfin venne Ciprigna,
Crucciata sì, come il tradito letto
Può femmina crucciar, che in altre braccia
Sorprese l' amator: di quella offesa
Entrambi rei que' due Venere tenne.
Dà pria di piglio a Stella (e Marte vede,
Senza aiuto recar), e la trascina
Sul cocchio, e via sferza per l' aria i cigni
Fino a la plaga eòa; poi giù la scaglia
Precipitosamente, e sovra lei
L' ira accolta addensando e un fiero turbo
Di venti, incalza la caduta e aggrava.
Ed ecco, a mezzo il ciel, de l' infelice
Prese il petto a gelarsi, e la persona
A rassodarsi di macigno in forma:
Per la paura, il suo color di neve

Donec ab aetherio tandem Venus affuit axe,
Tanta dolens, quantum laesus torus angit amicam
Tunc cum forte suum mediis deprendit in ulnis
Pellicis, atque reos offensae habet effera utrosque.
Primum Syderidi, Marte inspectante nihilque
Praestante auxilii, dextram iniicit; inde sinistra
Attrahit in currum, stimulatque sub aethera Cycnos
Usque sub eoos tractus; tum deiicit actam
Turbine praecipiti, et, quantas habet, adiicit iras,
Casum urgens pondusque premens venti agmine misso.
Hic miserae medio in lapsu coepere gelari
Pectora, et in saxi speciem concrescere corpus.

In ferrigno color fu tramutato;
E, già pietra magnete, ella percosse
Sugl' Indi monti, e quivi si rimase,
Pur l' anima serbando e l' amor primo.
Chè, se di Marte amò l'armi lucenti,
Or ama il ferro ed a sè il ferro trae,
Di Marte in vece. E, trasportato in cielo
Brillar vedendo il proprio padre, al sommo
Asse, com' ella può, sempre sospira.
Poi che, quando fu noto a' due parenti
L' aspro destin de la figliuola, in dure
Pietre esser vòlti anch' eglino pregaro
Venere e Giove, e non pregaro indarno:
Ma, la sembianza tramutando, a loro
Miglior forma fu data e miglior sede.

In ferrugineum, niveus qui erat ante, colorem
Iussit abire timor; montesque ita percutit Indos
Facta lapis Magnes ac deinceps mansit in illis:
Mens tamen ipsa viget, remanetque amor unus eidem.
Arma etenim velut fulgentia Martis amabat,
Nunc quoque amans ferrum, pro Marte ad se attrahit illud.
Tunc caelo impositum advertens rutilare parentem,
Qua sibi fas, summum semper suspirat ad axem.
Namque parens, simulac natam rescivit uterque
Tam diro affectam fato, Veneremque Iovemque
Se quoque mutarent in inertia saxa precati,
Felices habuere Deos, meliore novandae
Sorte tamen facie, melioris et ordine sedis.

Chè ad Etera, conversa in tenue fiamma,
Lice brillar per tutto il ciel diffusa;
E Polo, in vista più che umana assai,
Stabìl risiede ne la volta azzurra,
Ove ha sortito d' esser Dio, reggendo
I navigli pel mar. Lui riconosce
E a lui sogguarda la pietà filiale,
E, nel guardarlo, de' mertati onori
Si rallegra con lui. L' adriache prore
Appresero così le plaghe e i venti.

Fatti espertissimi del mare, i Veneziani si danno
ai commerci anche in lontane regioni, e appariscono
formidabili in guerra; aiutano Belisario e Narsete,
respingono Alboino, e, pur durando i tribuni, si op-
pongono poderosamente ai Turchi; contro a' quali
più non doveano lasciare il santissimo odio. Appresso
parve per assai ragioni buon consiglio surrogare al-
l'annua autorità di molti tribuni la dignità di un solo
durevole quanto la vita di lui; questi fu il doge, e

Aethrae etenim, in tenuem converso corpore flammam,
Concessum est tractim toto diffulgere caelo:
At Polus aetheria, mortali augustior ore,
Arce sedet stabilis, rapida in certigine mundi,
Iussus ibi esse Deus, ratium per caerula rector:
Quem natae pietas agnoscens suspicit alte,
Et conversa patri meritos gratatur honores,
Unde Notos Venetae et cursus didicere carinae.

primo doge Paolo Anafesto di Eraclea. — A questo punto il Loredano, fattasi recare una verga d'ebano viene con quella dimostrando nelle pitture ciò che in ordine brevemente racconta.

—o:o:o—

LIBRO UNDECIMO.

—

Enumera il Loredano la serie dei Dogi, e di ogni
Doge i meriti le colpe e la fortuna, e quali guerre
sieno state sotto quelli sostenute. Alle Crociate anche Venezia prese parte.

VENEZIA E PISA. [17]

Il maggior Sacerdote, ecco, bandisce
Giuste armi contro a l' Ottoman che insozza
La sacra culla del divino Cristo.
Tragge a la guerra la pia causa: o, vedi
Tutta ondeggiar di barche la marina,
Lucer d' armi ogni suol. Dugento navi,

———

(v. 383-403)

Maximus en Turcae indicit iusta àrma Sacerdos,
Sancta profananti divi incunabula Christi.
In bellum pia causa trahit. Fluitare carinis
Omne vides pelagus? terram omnem horrescere telis?
Ecce ut ab Adriaco bis centum littore naces

Duci Enrico e Michel, auspice Marco,
Dal lito d' Adria salpano ed alàcri
Movono a Rodi, ove del primo sangue,
Per saggio del valor, colorar l' onde.
Volle il destin. Deh! non cercate in tali
Lotte i trionfi, o miseri; più tosto,
Quanta avete virtù, tutta ne' Turchi,
O generosa Gioventù, volgete.
Ma tale il fato. La Pisana flotta
Non vedi tu come fa scherno ed onta
A la Veneta? Destansi gli sdegni,
E, lor malgradò, le irritate destre,
Corrono a l' armi. Ahimè, dove perisce,
Una virtù che debellar potea
Tutta l' Asia feroce! ahi, d' alto sangue
Dove il frutto perdiam, quando in catene

Henricus Michäelque Duces, Marco auspice, solvunt,
Festinantque Rhodum, primas ubi tingier undas
Sanguine fata dabant, belli factura periclum.
Ne petite, ah! miseri, precor, hac virtute triumphos:
Cuncti sacrilegos potius fundatis in hostes,
Si quid inest animi vobis, generosa Iuventus.
Sed fortuna fuit. Viden ut Pisana lacessat
Classis, ut insultet Venetae? movet ira dolores
Irritatque manus invitaque subiicit arma.
Heu! ubi depereunt, quae debellare ferocem
Omnem Asiam dextrae poterant! ubi perdimus alti
Sanguinis, heu! fructum, poterat qui barbara vinclis

Poteansi trarre i barbari signori
E de le spoglie ornare alti trofei!'
Pur 'nè qui del valor mancano i lampi:
Ecco navi con navi, ecco serrati
Nemici con nemici; e gli uni e gli altri
S' infliggono ferite e stragi e morti.

Dopo le Crociate Venezia raggiunge uno splendore che attizza gli odii della rivale Genova: quindi
un succedersi di guerre, un alternarsi di vittorie e
sconfitte. Occupato da Venezia Tenedo, Genova si
move a nuova guerra.

VITTOR PISANI E CARLO ZENO. [28]

Vedi con qual vivace odio Venezia
E Genova si cercano, con quale
Ardor entrambe stringon l' armi; vedi
L' alterne stragi ed i trionfi alterni.

———————

Nectere colla ducum et spoliis implere tropaea!
De virtute tamen nunquam certamina damnes:
En ratibusque rates, consertosque hostibus hostes:
Dant, simul accipiunt, ah! vulnera fata ruinas.

(v. 974-1025)

Aspice inextinctis odiis Venetusque Ligusque
Quam se utrimque petant, animis quibus arma capessant!
Alternas strages, alternas aspice palmas.

Qui, prigion fatto il Fiesco, è del suo nome
Degno Vittor Pisani, e a lui tal nome
Rapisce in breve il Doria. Onde, sdegnosi
Che mai Vittor sia vinto, i Veneziani ·
Lui catenato in buio carcer serrano;
Nè vietano però che l'inimico
Al limitar de la cittade irrompa,
I porti stessi minacciando. Presa
È Chioggia, invaso è tutto il mar d'intorno.
Sola cura oggimai rimane a' Veneti,
I penati salvar; cerchiasi d'aggere
Il porto, e d'arme si munisce; vegliano,
Gli assalti a propulsar, navi molteplici,
Non ose uscir ne l'alto incontro a' Liguri.
Quello al veneto stato il dì novissimo
Creduto fu; spacciata la repubblica

Pisanus Victor meret hic sua nomina Fresco
Captivo; titulos illi mox Aurius aufert.
Victorem Adriadae indignati vincier usquam,
Carceris in tenebras trudunt et cincula victum.
Non tamen iccirco prohibent, quin limen in Urbis
Irrumpant hostes atque ipsis portubus instent.
Clodia diripitur, totum circum undique pontum
Hostis habet. Venetum proprios cura una penates
Servare intendit; portus structo aggere firmant;
Armatos statuunt; arcet vim multa triremis,
Non audax Liguri pelago concurrere aperto.
Illa dies Venetae fato est postrema salutis

Dovea ben dir e tante imprese inutili,
Chi vista avesse l' imminente Genova.
Ma nol sofferse il nume pio del divo
Marco al qual su le nostre are devoti
Fumano incensi. Chè dal carcer nero
Tratto Vittor Pisani, eguale al vostro
Dal suol d' esiglio reduce Camillo,
Tutto affrontò,. che ne l' aspra distretta
Affrontar sì volea. Ma, perchè mite
Esercitarci non sembrasse il fato,
Ecco, re Carlo novo incendio adduce,
Gli Ungheri, e più e più d' armi c' incalza.
Che dee Venezia far? minaccia strage
Marte ogn'intorno, e niun speranze apporta
E niuno aiuti: terra e ciel ne osteggiano.

Credita: de imperio de totque laboribus actum
Diceret, instantem capiti qui cerneret hostem.
Id vero haud quaquam divi pia numina Marci
Sustinuere, sacris cui thura cremamus in aris.
Victor enim e tetro Pisanus carcere ductus,
Vester ut exilii revocatus sede Camillus,
Cuncta obit, in tantis fuerant quae obeunda periclis.
Ac, ne forte parum Venetos fortuna fatiget,
Pannonas ecce novos stirps regia Carolus ignes
Adducit, bellumque premens violentius instat.
Quid.faciat Venetus? cladem fremit undique Mavors;
Spem nullus, fert nullus opem; terrae, astra minantur.

Così volgersi a pace avean costretta
Di Marco la città le sorti, amiche,
Ligure, a te; ma tu superbo imponi
Inique cose, e indegno sei del vanto
D'aver dettate al Venezian tue leggi.
Ecco, ammonito che la patria è cinta
Dagl' inimici, Carlo Zeno fende
Con presta flotta il mar, spinto da zeffiro;
E con sommerse navi al porto, dove
Le prue liguri son, chiude le bocche,
Così assediando gli assedianti, a cui
Tolto è 'l vitto la fuga e la battaglia.
Qual degli Dei col santo spirto, o Zeno,
Sì gran pensier ne l' anima t' infuse ?
Chi ti diè trasvolar con facil corso

Ad pacem Adriacam spectare cōegerat Urbem
Aequa tibi fortuna, Ligur, sed iniqua superbus
Praecipis, et tanto te indignum nomine reddis,
Qui pacis leges Veneto laetere tulisse.
Zenus enim, admonitus patriam cinctam hoste teneri,
Carolus instructa rapidas secat aequora classe,
Ostiaque, appulsus zephyris, facit incia portus
Navibus immersis, Ligures ubi classe sedebant,
Occlusoque abitu obsessores obsidet hostes,
Omnem illis adimens victum pugnamque fugamque.
Zene, animis tantam quisnam tibi numine sancto
Iniecit mentem Superùm ? quis currere cursu

Su tanto mare a liberar la patria.
Eri di Siria nel lontan paese,
Ivi a serbar co' legni tuoi la pace;
Quel, ch'altrove fervea, tu non sapevi,
Quando il guerresco vortice ne avvolse.
Ma vegliava il Divin, che del gran Padre
Beatamente ne la reggia esulta,
Quegli, onde i Mani veneriam nel tempio;
Ed ei ti diè 'l pensier, ti diè propizio
Il vento e il mar ne l' ora perigliosa.
O padre, salvé, o fondator benigno
De l'ondosa città; che salva e libera
Sia la gente e lo stato, è tua mercede:
Chioggia del gran trionfo il monumento
Serba tuttor. E i Liguri, che pace

Tantum aequor facili ad patriam dedit hoste levandam?
Nam Syriae abfueras longe semotus in oris,
Pacem classe tuens illic, aliunde moveri
Nil ratus; at belli nos hic ferus obruit aestus.
Illa Deum, aetherei felix qui regna Tonantis
Celsa colit, Manes et cuius in aede veremur,
Lux habuit vigilem; mentem tibi et aequora et euros
Is dedit in misero discrimine habere secundos.
O Pater, Adriacae salve o bone conditor Urbis,
Gens tibi resque simul servata ac libera debet;
Clodia monstrat adhuc clari monumenta triumphi.

Dar sdegnavan testè, ecco, stupiscono
Ch' ei dal Senato vincitor la impetrano.

Così ricordando che sotto il Veniero ebbero tregua le guerre sul mare e principiarono in terra, ricordando le vicende della lega posteriore contro Milano, menzionati il Carmagnola e il Colleoni, menzionati i Dogi Mocenigo e Foscari e Malipiero e i Barbarigo, il Loredano giunge col lungo racconto ai propri tempi; e, così alla fine taciutosi, tutti si levano. —

En, dare qui fuerat pacem aspernatus, eamdem Impetrasse Ligur stupet a victore Senatu.

LIBRO DUODECIMO.[30]

—

Nel Palazzo si fanno a onore dell' Alviano bellissime danze, cui sono presenti la moglie di lui,
Pentesilea Baglioni, colle figliuole giovinette Porcia
e Camilla, e la sorella di Giorgio Cornaro, Cate-
rina regina di Cipro: alle danze succedono pompe
sceniche, e poi, già essendo la notte a mezzo, esce
la nobilissima compagnia per la città rischiarata
da migliaia di fiaccole, e ciascuno a' propri pa-
lagi si ritira per riposo. Aggiorna appena, e il Doge, raccolto il Senato, propone che si doni all'Alviano,
premio de' meriti grandi, la città di Pordenone; tutti
assentono, e l' Alviano, chiamato, rende amplissime
grazie. Intanto la moglie di lui con le figliuole vi-
sita il tempio di San Marco, e, ammirate le bellezze
e le ricchezze della città, si reca a Murano.[31]

LA FABBRICA DEI VETRI A MURANO.

Colà venute in gondole leggiere
Per la cerulea placida laguna,

(v. 686-834)

Huc etenim levibus cymbis per caerula vectae
Metati stagna euripi vitreaeque paludis,

Girano i regni di Vulcan, lunghi antri.
Veggono sparsi artefici, e serrati
Intorno a laghi di bogliente vetro
Mille snelli ministri, e, a le sonanti
Fucine in mezzo crepitando i fuochi,
I vapor' de le fiamme, intorno intorno
Diffuse dentro al fumigante albergo,
Da le fornaci fenestrate uscire.
Veggon ritondi tubi al vitreo fiume
Libare un' offa, ed agitarla in aria
Presto, e l' aria segnar di rossi cerchi;
Poi dagli esigui globi inani bolle
Crescere rigonfiando il sottil ventre,
Chè i mastri con assai fiato distendonle,
Foggiate ad ogni più mirabil forma;

Circumeunt longos vulcania regna recessus.
Spectant artifices passim celeresque ministros
Circumquaque lacus vitro cinxisse liquato;
Tum medios specubus crepitare sonantibus ignes
Deque fenestratis fornacibus ire vapores
Flammarum, circum quae se in loca fumida fundunt:
Moxque tubas teretes cernunt citreo amne bibentes
Quam versent crebris per inania tractibus offam,
Flammanti tenuem cingentes aera gyro.
Deinde globis vacuas modicis excrescere bullas
Mirantur tumidoque leves turgescere ventre,
Quas multa extendunt anima finguntque magistri
In quemcumque libet mira sub imagine cultum,

E, al ritrarre del labbro, trasparenti
Liberan vasi. Allor sui tremuli orli
Intessono aurei fregi, disegnando
Con un duttile fil gli spazi molli,
E pingendo con verdi succhi varie
Del mondo cose e d'uomini figure.
Son liscie tazze e fiale e coppe ornate
Di tortili anse, o di stellati lembi
Ampie guantiere; effigïati in vetro
Son Ninfe e Dei, e belve e pesci e uccelli.
Mentre ammirando ed encomiando a prova
Quelle sen vanno, certe ch'uom non possa
In tali opere usar più industria e vita;
Numitor, d'anni grave, e il capo e il viso

Et labro absolount translucida pocula ducto.
Mox iidem intexunt tremulis chrysendeta limbis,
Ductilibus spacia scribentes lubrica filis,
Et carias rerum facies hominumque figuras
Pingentes passim viridis medicamine succi.
Tum phyalas, leves cyathos, paterasque scyphosque
Tortilibus circum nexos insigniter ansis,
Et patulas laudant stellato margine lances;
Tum picto ex vitro Dicos Nymphasque ferasque
Et pisces et aves et magni imitamina mundi.
Quae dum admirantur, cunctaeque in laudibus instant
Certatim auctoris, cum nulla expressius unquam
Posse putent pingi, non fundi mollius arte;
Obsitus hic senio Numitor plenusque facilla

Di fuligine pien, che avea per arte
Su vitrea massa intrecciar fiori e fronde
E flessuoso acanto ed altri scherzi
De la natura, surse in mezzo e disse:
— Vanta autori gli Dej quest'arte, o dame,
Cui fate onore. La donò Vulcano
Premio a la cortesia d' amata Ninfa,
E la prole di questa a noi servolla,
Riconoscenti e memori nepoti;
Nè mi fia grave il nobil fatto in poco
Ora narrar; se m'ascoltate, io parlo. —
Tacque, ciò detto, dubitoso in vista:
Poi, avvisando che a le donne grato

Et caput et vultum, nexas cui ducere frondes
Per vitream interius massam floresque et achanti
Flexus et cunctos naturae ludere lusus
Ars erat, in medium exsurgit sicque ore profatur:
— Auctores habet ista Deos, quam laudibus artem
Effertis, Matres. Pater hanc Vulcanus amatae
Nereidi indulsit, lateris sibi praemia iuncti,
Cuius ab edocta sobole ad nos transiit usque
Munus id, et gratos equidem memoresque nepotes;
Nam Matri ac Nato meritum instauramus honorem,
In stata volventes studiosi sacra per annos.
Nec grave nunc fuerit factum mihi nobile paucis
Stringere: si vacuae sitis, seriem ordine pamdam. —
Haec dedit, et, secum visus dubitare, quievit;
Mox ratus haud Nuribus fore verba ingrata, iocosque

Sarebbe il fatto e a' principi gli scherzi,
In tal guisa lo scaltro a dir riprese:
— In questa gora fu ne' primi tempi
Vaghissima Nereide, con bell'arte
I fiorenti capelli inghirlandata;
Non avean le marine altra più bella,
Sì che del foco il Dio, di foco acceso,
A smorzarlo non ebbe in tutte l'onde
Onda bastante. Ahi! che d'amor la fiamma
Fiamma non è ch'estinguasi per acqua.
Ma la Nereide gli fu pia (che il cielo
Punisca voi, donne mortali, quando
Negate al nostro amor d'amor mercede!);

Principibus, tempusque rei cecidisse docendae,
Sic cafer ingreditur dictis et omissa resumit:
— His fuit in stagnis prisco pulcherrima saeclo
Nereis, aequoreas qua nulla decentius oras
Lustrabat, virides studio redimita capillos,
Unde Deus flammae, flamma correptus, in undis
Non habuit cunctis, quibus hanc estingueret, undas:
Heu! quam subdit amor, non flamma domabilis unda est.
Nerine miserata tamen, quem conciit, ignem
Sedacit, quin hunc sedando accendit et auxit:
Robur enim atque animos ignis per pabula sumit.
Sed vos, ah durae! numnam miserescitis unquam,
Cum nos de vobis mortales conficit ignis?
At Deus immites e caelo ulciscitur alto;
Dona ferunt placidae; officiosum pectus amandum est;
Hinc vero abscedant, glacie queis pectora. torpent.

E, se alcuna di voi sapere·il nome
Desia di quella, è voce che gli antichi
La chiamassero Iale. Costei
Da montana sorella un nappo in dono
Ebbe di duro ghiaccio, il qual, tornito
Pur non essendo e liscio, errar lasciava
A traverso di sè libero il guardo;
E, poi che ambizïosa a bere in questo
Ella chiamava ad or ad or le azzurre
Compagne e Glauco e le schiere di Forco,
Sovra uno scoglio assisa, l' offuscato
Cristal tergea con molle alga e con rena:
Crescea bellezza la fatica al viso,
E, quando si chinava a coglier l' onda
Tremola con la man, giù da la fronte

Quod si forte aliqua ex vobis cognoscere Nymphae
Nomen amat, fama est Hyalen dixisse priores.
Haec pateram ex glacie montana ab Oreade dura
Dono habuit, nullo torni levore decoram,
Sed quae transferret per se spectantis in omnes
Incorruptam aciem tractus, nubemque fugaret
Circumfusam oculis, visum nihil ipsa fatigans.
Hanc, dum caeruleas ad pocula saepe sorores
Ambitiosa vocat Glaucumque atque agmina Phorci,
Turpatam, insidens scopulum, tergebat harena
Molli algae immixta. Speciem labor auxerat oris,
Dumque, operi insistens, tremulum prona excipit aequor,
Frontis honos crinis facili fluitabat ab euro

I riccioli scherzavan per la faccia
E le chiome pe' zefiri volavano
Sinuose a l' indietro. Al suo ritorno
Dagli antri alpini, ove temprati al fiero
Gradivo per le scitiche battaglie
In dardi e spade avea norici bronzi,
Lei Vulcano mirò, di lei s' accese,
Nudrì speranza ed affrettò l' evento.
Stinge dagli occhi e da la faccia il tetro
Fumo, compone l' ispida criniera,
Terge le braccia, il debil piè con quanto
Studio puote maggior sorregge, e, impresso
Di sua divinità, s' avanza e dice:
« Ninfa, che m' ardi con più acre foco
Che non sia quel, dove infiammando il ferro

Per faciem, circumque humeris missa unda comarum
Caetera, par fluvio, retro sinuosa volabat.
Mulciber, alpinis cum forte rediret ab antris,
In tela et gladios ubi norica coxerat aera,
Belliger in Scythicas quas Mavors spargeret oras,
Hanc videt, et subito pectus succenditur igni,
Et sperat subito ac speratis protinus instat.
Abluit immundam ex facieque oculisque favillam,
Horroremque comae cohibet, mox brachia terget,
Debile crus nixu quantum licet adiuvat apto,
Et prodit prae se ore ferens ac pectore Divum,
Atque ait: « O flammis quae me magis acribus uris,
Nerei, quam chalybem quibus urimus arma parantes

Apprestiamo le folgori al gran Padre,
Tu quell' unica sei che il petto mio
A Venere prepon sì che, obliando
Quella, a l' amplesso tuo soltanto aspiro.
Deh! propizia ti mostra, o dea marina,
E non volér, non è ragion, ch' io moia.
Non io son plebe vil, non erro in selve,
Non ho cura d'armento o stanza in villa.
Giove in Giunon m'è padre, e al padre l'armi

Quae Pater aetheria vindex iaculetur ab arce,
Tu sola es, Veneri quam noster praeferat ardor,
Qua cum una cupiam, spreta illa, iungere amores.
Da te, o da facilem, pelagi Dea; ne mea flammis
Corda sine absumi, namque ecce absumor et ultra
Non fero fervorem hunc, qui lapsus ad usque medullas,
Heu! penitus misero mihi corda et viscera carpit,
Ex quo te intueor, faciemque hanc aethere dignam
Perditus admiror. Dico tu sola mederi
Diva potes flammae; nam sum caeli inclyta proles
Flammarumque ignisque potens: at flamma superbos
Ista premit titulos, qua me tu maxima ponti,
Ni mitis sis, Diva cremas. Pro fata sinistra!
Quis putet adversum flammis pelagus dare flammas,
Flammarumque Deum flammis flagrare? Sed es tu
Quae fata exsuperas, Hyale; tu ardere profundum
Sola iubens nostros extinguis in ignibus ignes.
Parce Deo miserata, precor; nec perdere cur me
Saeva velis, causa est, nam non sum ego rustica plebes,
Non ego rus, non curo pecus, sylvasce pererro.
Iuppiter ex Iunone Pater, Patri arma ministro;

Io, signor de le fiamme crepitanti,
Ministro; per me i Numi, per me il trono
Superno ha sicurezza, per me caddero
E pe' miei dardi i Giganti ribelli,
Quando gli armò pazzo furor, bramosi
Di dominar nel debellato Olimpo.
I regni miei nel siculo paese
Sono, ai vostri confini, e i miei Ciclopi
Dotti non pure ad aguzzar saette,
Ma con arte (tu imponi) a ritrar tutto;
Co' quali io vo', se l'amor mio non sprezzi,
Su codesta tua coppa intorno intorno
Il cielo effigïar e l' universo,
Costrette in breve fin tutte le cose;
Tal che i Celesti a te la invidieranno
E le Ninfe del mare e de la terra. »

Per me sunt Superi, per me defensa polorum
Sceptra, Gigantei per me cecidere tumultus;
Namque ego tela dedi tum, cum furor impius arma
Induit, et capti solium affectavit Olympi.
Regna mihi in Siculis, vobis contermina, terris;
Sunt et Cyclopes, nec tantum fulmina docti
Cudere, sed (iubeas) quodcumque imitarier arte,
Cum quibus ipse tuam hanc pateram, ni spreveris ignem,
Nympha, meum, caelo et toti assimulabimus orbi,
Impictis rerum brevibus quacumque figuris,
Quam tibi Dii Superi et terrae Chorus omnis et undae
Nympharum invideant cupiantque hinc pocula cuncti. »

Disse, e col gemer suo, col suo sembiante
Aiutava la causa; e poi che vide
Tra bramosa e restia pender la Dea,
Ne le braccia serrò la dubitosa
Il cupido Vulcan, le fece core,
E del tenero amor donno rimase.
Grave del Dio, la memore fanciulla
Suo premio vuol, e impressi ha su la coppa
La terra e il ciel, il pelago e le stelle,
E quanto abita in essi o d' essi nasce.
Nè paga, implora che s' insegni a lei
L'arte, e l'ottien: che non darien gli amanti?
E, poi che dieci volte ebbe sue corna
Cinzia cangiate, nel tepido grembo
Lucina accolse il pargoletto Murra

Dicebat, causaeque gemens gestu ore facebat,
Utque sub his nolle et cupere est Dea coepta videri,
In paterae oblato decore et tot laudibus haerens,
Implicat hanc cupidis dubiam sic Mulciber ulnis
Et pavidam hortatur tenerumque potitur amorem.
Plena Deo, pateram munus memor illa reposcit,
Et capit inscalptam terras caelum aethera et undas,
Quidquid et ex illis gignatur et incolat illa.
Nec satis hoc, Hyale exorat sibi tradier artem
Ac discit: quid enim non largirentur amantes?
Cornua sed decimo postquam sibi Cynthia fronti
Admovit gyro, puerum Lucina tepenti
Excipiens Murrham gremio, fotum ambiit aura,

Di mite aura avvolgendolo, e a nutrire
Diello del lago a le cognate Ninfe.
Il qual non crebbe pria, che, le materne
Arti seguendo ed i paterni doni,
A l' uso nostro li rivolse tutti,
Ed insegnò valersene a' nipoti.
Poi da divin consiglio illuminato,
Trovò che sotto il suol un molle glutine
Scorre, ed indura come sasso, e reca
Diffuse macchie e varia lucentezza;
Ed egli primo fe' di quello i nappi
A le splendide mense e dal suo nome
Murrini li chiamò, chiamò Murrano
Il suol natale: il suol, dove del. padre
Trattò ed insegnò benigno l' arte,

Cognatisque freti Nymphis transmittit alendum,
Qui mox, maternas artes et dona sequutus
Clara patris, simulac aetas adolevit, in usus
Exhibuit nostros, docuitque sequenda nepotes.
Mox idem, admonitus divinae lumine mentis,
Deprendit liquidum labi per viscera terrae
Gluten et in solidi lapidis concrescere morem,
Distinctum maculis vario radiante nitore,
Primus et in lautas dedit illud pocula mensas
Ac vasa auctoris de nomine murrhina dixit,
Murrhanique solum titulo natale vocavit,
Quo patris excuditque artem docuitque benignus.

La qual con vetro ed oro oggi imitiamo
Noi docilmente, a lui al Padre ad Iale
Rendendo grazie, e venerando i lochi
Di quel divino amor. De la nostr' arte
Questa è la nobiltà, questo il principio. —

Intanto l' Alviano è condotto a vedere l' armeria
e l'arsenale;³⁸ e così giunge l'ora prefissa ad una gara
navale tra fanciulle; immensa folla è adunata in
ogni parte aspettando.

GARA DI FANCIULLE AI REMI.

Paiono in vista alfin sei navicelle
Allineate, ed è fidata ognuna
A sei fanciulle. Queste in nivea gonna
E, a maniera di Ninfe, alto succinte,

Quam nos en dociles vitro assimulamus et auro,
Atque illi aeternos ignes Hyalaeque Patrique
Insigne ob meritum vigilesque reponimus aras
Incolimusque locum et Divûm ceneramur amores.
Hinc est nobilitas, hinc est nostrae artis origo. —

(v. 999-1054)

Tandem in conspectum veniunt sex ordine cymbae,
Quarum virginibus confidit singula senis.
Candenti sub veste omnes alteque recinctae

Volgon le bianche fronti incontro al soffio,
Che, de le barche al correre, si desta:
E, non da veli ritardato, il braccio
È vie più lieve al maneggiar de' remi.
Quelle, che del remeggio hanno il comando,
Sovra l' anguste poppe assise, imperano
Con amichevol cenno a le compagne.
Nè pria da lungi con le prore snelle
Al popolo apparìr, che d' ogni parte
Surse per l'aria un plauso, e in tutti i gradi
Ed in tutta la folla si diffuse.
E trombe e corni allor con gran fragore
Coprìr le voci e rimbombonne il cielo:
Scossi i virginei cor ne fur da prima,
Del non usato suono impauriti,
Ed il natìo color lasciò le gote.

Nympharum ritu, in fluidum candentia centum
Ora adversa ferunt, quem dat ratium impetus acrem.
Brachia non manicae impediunt; subducta lacertos
Velamenta levant, quo remis promptius instent.
Stant, quae remigium nutu moderantur, in arctis
Puppibus et socias iussis hortantur amicis.
Quae simulac populo procul apparere citatis
Coeperunt proris, datus undique plausus in auras
Perque omnes cuneos perque agmina cuncta cucurrit
Cornua tum lituique graves horrore sonoro
Fregerunt cantus saliitque sub aethera clangor.
Territa virginibus primum sunt corda, novoque
Exanimata sono, et solitus rubor ora reliquit,

Ma poi raccolte si voltaro ai seggi
Del Principe e de'Grandi, e a lor col capo
E col ginocchio inchin mandâr salute.
Alfine, chiuse ne lo spazio e poste
In ordine d' insegna, tutte súbito
S' incurvarono al rapido remeggio;
E un tuon di plausi le segul, di trombe
Un più forte squillar, che non paura
Omai, sì lena ed ardimento infuse.
E già con tutta la persona incombono
A' prestissimi sforzi, e già trasvolano
Su le lubriche vie, menando l' agile
Remo per l'acqua che ritorna eguale.
Si chinano, e a l'indietro si ripiegano,

Mox se collectae in regionem Principis omnes
Et Procerum certunt, cunctisque optare salutem
Et nutu insinuant et flexo poplite curcae.
Hic demum, ut spacio inclusae et mox ordine signi
Missae, alacres rapido simul incubuere colatu,
Altior insequitur clamor, tuba crebrius aures
Rauca ferit : pavitant iterum, mox pectora cogunt
Nil horrere sonos ultra strepitusque fragosos ;
Quin modo, quae insolitis terrebant classica mentes,
Iam suetis animos faciunt viresque ministrant.
Ergo in praecipites toto se corpore nixus
Intendunt, celeresque super vada lubrica currunt,
Remigio instantes refluique in verbera ponti.
Se sinuant redeuntque retro, sinuantque reversae

E, ripiegate, chinansi di nuovo,
E sflorano levissimè la spuma.
Così talor venerëe colombe,
Sia che pasciute ritornar da' campi
Deggian sovr' alta torre ai dolci nidi,
Sia che sovrasti a lor l'augel di Giove
E stridendo spalanchi artigli e rostro,
Radono il ciel in fitta nube e ognuna
Studia precorrer l'altre; romban l'ali,
Fugge la nebbia e sibilano l'aure.
Innanzi a tutte va Glauce, fanciulla
A cui son cari gli orti e 'l fior di croco,
Che il crin le adorna, d'oro e gemme in vece.
Ma perchè la meschina in sul principio,

Sese iterum, spaciumque legunt raptim aequore fisso.
Saepe dioneae sic celsa e turre cólumbae,
Seu quibus in summo chari sunt culmine nidi,
Cum tenuem in campos carpentes aethera pennis
Nube volant densa, rediturae ad pignora pastae,
Seu quibus instrepuit caelo Iovis ales aperto
Et super infrendens rostrum exertavit et ungues,
Cum per inane fugae sese facto agmine tradunt,
Certatim cunctae socias anteire laborant;
Penna strepit, nebulae excedunt, adsibilat aura.
Longe abit ante alias, emissa ab limine, Glauce,
Hortorum virgo studiosa crocique colendi,
Cuius flore comam pro gemma ornarat et auro.
Sed, misera exhaurit dum totas percita vires

Vinta da voci e stimoli che udia
Tutte spese le forze, a mezzo l' opra
Rallentò, e con essa le compagne.
Dina sottentra, e a Dina Agale poi
Con artifizio, perchè, mentre quella
Innanzi vola: — O Dina, Agale grida,
Raccogli l' òr che t' è caduto in mare
Giù da la testa; o Dina, bada. — Nulla
D' oro perduto avea la malaccorta,
Pur si fermò gittando invan suo tempo,
Chè di Ligdo garzon premeale il dono,
Pegno d' amor da lei portato in fronte.
Così schernita e de l' inganno certa,
Fremette, e l' ira le addoppiò la lena:
Agale che primiera innanzi corre,
Ella raggiunge e la trapassa e vince.

Laude cirûm primis conatibus euge cientum,
Deficit in studio, sccium lentescit et agmen.
Dina subit, post Dinam Agale Dinam arte sequuta;
Nam, dum illa abscedit longe procecta: — Resume,
Dina (cocat), capite in pelagus quod decidit aurum;
Dina, cace. — Nullum imprudens amiserat aurum,
Cursum inhibet tamen et frustra recocata moratur;
Ligdi sollicitam pueri data dona mocebant:
Quae, posita ad frontem, pignus gestabat amoris.
At decepta dolis, postquam ludibria sensit,
Indoluit, ciresque ardor suggessit, et ipsam
Primam Agalem iterum assequitur cictamque relinquit.

Così aiutandosi con valore e con arte, le rematrici giungono una dopo l'altra alla mèta, e ricevono il premio che a ciascuna si spetta. Dopo di che ha luogo tra alcuni combattenti una zuffa sulle barche, dalla quale gli spettatori sono meravigliosamente rallegrati.

EPILOGO.

—

O Doge, degno del tuo soglio, e voi,
Venezïani, da barbariche orde
Intemerata gente e cittadini
D' una città che ogni signor disdegna
Se non da voi liberamente eletto,
Vuoto orecchio brev'ora a questi carmi
Prestar vi piaccia. Dodici fatiche

O Dux, quo Solio resides, dignissime, et o Vos,
Unica barbaricis Gens intemerata procellis,
Adriadae, quorum clypeis Pax tuta per oras
Ausonias cadit gremio foecunda soluto,
Si soli expertem maculosi insiditis Urbem
Sanguinis indocilemque iugi imperiique ferendi,
Ni quod vos ipsi decernitis esse ferendum,
His vacuas placidi paulum date vocibus aures,
Defectis dudum vobis iugi ore canendis.
Est quiddam hac sudasse tenus, bis sena laborum

Ecco, ho compiute, studiosamente
Cercando a dietro le marine vostre,
Poi discendendo a le recenti glorie :
Sì che or ben lice a me d'un pioppo a l'ombra
Sedere un tratto e rinfrancar la lena,
Onde tra l'arme io torni ed i trionfi
E solva a Marco alfin l'integro voto.
Ora agli auspici Dei del vostro impero
Questa primizia a consecrar venite,
O Padri, meco: io stesso, io sacerdote,
Entrato il tempio di bei lauri adorno,

Iam spacia emensum, dum vestra per aequora longe
Retro abeo, invectus qua non iter egit anhelus
Oenomausce generve Pelops, [33] *prisca omnia lustrans,*
Donec in istius, compos voti, advehor aevi
Arma sonans nuper stadium martemque cruentum.
Nunc cursu e medio subductum frondis ad umbram
Populeae liceat fessas reparare quadrigas,
Mox per et iratos Divos trepidasque phalanges
Prostratasque acies et flumina caedis ituras,
Donec ad Adriacam victor spectabilis Aram
Vinctus fronde comas et termite laetus Idumes,
Omnibus e stadiis iterum emeritusque revertar,
Ac Marco, auctori rerum, vota integra solvam.
Interea Diis auspicibus Venetoque benignis
Imperio, quibus est pietas et gloria curae
Vestra, Patres, nostri hoc specimen, mecum ite, sacremus,
O Latii Soboles latiusque ab origine sanguis,
Ni genus incensam penitus referatis in Idam.

Con la pia mano toccherò l' altare
Supplicemente: Voi silenzïosi
Con la prece seguite il sacrifizio.
O Numi, cui nel mezzo a le lagune
Pose templi Venezia, e tu la prima,
Vergine Madre, che mostrasti in terra
L' eterno pegno de l' eterna vita,
E tu, mite Lion, che queste torri
Sotto le folgoranti ale proteggi,
Deh! questo imperio e insiem quest'opra mia,

Urbis enim vesterque honor est, quem longa per aevi
Saecula et aeternos transmittere tendimus annos.
Ipse ego, iam posito templo nexisque corymbis
Et myrto et lauro et viridi per limina fronde,
Ingrediar lino comptus vittaque Sacerdos
Et manibus castis supplex altaria tangam;
Pectore Vos tacito Sacris, linguisque facete.
Dii, quibus Adriadae mediis statuere Quirites
Templa vadis et quos tota venerantur in urbe,
O Dea, tu ante omnes, quae mater, at innuba, gignis
Aeternae pignus vitae Sobolemque Tonantis,
Tuque adeo, aequorei cessit cui prima tuendi
Cura Pater sceptri, penna o qui pacifer arces
Has tegis aetherea, volucer Leo, et vehis alte,
Ecce ego, quam laudum flammam famaeque dedistis,
Qua spes iussit iter, noctesque diesque sequutus,
Exarsi in Venetos, illa huc animante, triumphos
Quaesitumque diu tandem decus inde petivi.
Vos quoque, si vestris non id sine nutibus actum est
Et Venetae vobis si grata est gloria Gentis

Ambo a voi sacri, di pietosa cura
E di perenne grazia proseguite,
Sì che rimanga, mentre il mondo duri,
Grande Venezia e caro il suo Poeta.

Famaque, cum cestro quae semper crescit honore,
Imperium atque opus hoc, oobis quod utrumque sacramus,
Excipite aeterno felices numine cuncti,
Usque perennantes ruituri ad funera mundi,
Unde Pater Venetus celebretur et Auctor ametur.

NOTE.

—※—

1 È da ripetere ciò che si disse nelle note dopo il discorso (vedi ivi la nota 15). Tra i significati del latino *salire* il Forcellini reca anche quello di *emicare, celeriter emergere*, o simili, cui conforta di alcuni esempi, tra' quali il lucreziano — *E terraque exorta repente arbusta salirent.* — Ma, se anche null'altro ostasse a ricevere qui una spiegazione di tal genere, osterebbe almeno il *tandem* che è nel testo accanto al *saliere*.

2 Qui il testo è intralciato, ma il senso sembra risaltarne abbastanza chiaro.

3 Anche qui c'è anfibologia; ma ciò non toglie che sia da ammirare la vivace eleganza del luogo, che, specialmente coll'ingegnoso emistichio *plebs magnae proceresque domus*, assume una cotale festività ariostèa.

4 Il testo a questo punto ha versi bellissimi. La Fama vola,

> *Ac, rapido igne Iovis lapsoque citatior astro,*
> *Iam super Hesperiam pendebat vecta sub auras,*
> *Qua pater umbroso se porrigit Appenninus*
> *Vertice, multiiugoque italos hinc inde per agros*
> *Plurimus it dorso, et sylvis latera ardua vestit.*

5 Aggiungo questo interrogativo, che non è nel testo, perchè l'intendere il *quae prima exordia mundi* quasi per titolo di quell'*opus* non mi par possibile. Infatti vedi quante altre cose vi si trattavano oltre la creazione. Posto quell'interrogativo, il contesto corre a meraviglia.

6 Nota la barocca esagerazione, cui il poeta è venuto per volere insistere sul già detto e tornare a descrivere il descritto.

7 Inutile avvertire che qui il poeta trae ingegnosamente partito dal leone alato che è su l'una delle due colonne della Piazzetta.

8 Quante cose dette in meno di due versi! Sapeva dunque anche il Modesti essere denso e conciso. Traducendo, volli emulare la brevità del testo, ma non ne raggiunsi la eleganza.

9 Non è a dissimulare che questo passo è poco semplice e poco perspicuo, e però non bello. Tradussi come intesi, ed ebbi anche l'occhio alla realità del monumento qui descritto. Tutto ciò si dica ancora di qualche altro passo, segnatamente di questo libro primo.

10 Sarebbe pedanteria e peggio se io qui, insediandomi da archeologo o storico, rifacessi secondo verità le origini dei monumenti che il Modesti ha descritte secondo fantasia. Il lettore còlto non n'ha bisogno; il lettore curioso sa dove cercárle.

11 Curioso il raffronto tra questa poesia solenne e la cronaca dialettale del Sanudo. (Diarii, tomo IV). " *Lunardo Loredan fu creado doxe di Veniexia a dì 2 octubrio 1501, di sabato;... et ascese al sexo ducal de anni 66, la domenica matina a hore 16 1|2 con pioxa. Questo non per meriti maritimi nè terestri, ma* SOLUM *per esser nato* BONIS PARENTIBUS; *homo giusto et humanissimo, di gran parentado..... È di facultà mediocre, da ducati 30 milia, è macilente de carne, tuto spirito, de statura grande, de poca prosperità: vice con assai regula: è assa' colerico, ma savio al governo di la republica; et sempre in coleio le opinion sue, et in pregadi, è sta' estimate. Questo principe novo, intrado nel dogado, trovò la republica nostra in grandi travagli..., perhò soa serenità terminò far ogni cossa in ajutar questa republicha...; cussì è da sperar, perchè l' è scritto:* MUTATO DUCE, MUTABITUR FORTUNA; ERGO VIDEBIMUS. *È da saper, che, morto el doxe Barbarigo (a' 20 settembre), tutta la terra cridava fusse electo Sier Filippo Trun.... El qual era solo, senza fioli, di anni 60, homo corpulente, non vardava in faxa a niun; al ben publico, neto; al dinaro, richo.... Or acadete che, domente si era in pratica di far doxe, a dì 26 domenega di septembrio, solo sora, la note ditto Sier Filippo Trun morite. Fo ditto per*

la terra esser stà tosegado, ma non fu vero; fu che da graseza el crepò. " E il Loredano fu doge.

12 Di Massimiliano così il Sanudo (tomo vii) alla data del 16 apr. 1507. "*.... Il re à anni 49, è di fortissimi homeni dil mondo, dorme pocho, sempre è in exercicio e* CONTINUE *cavalcha: fa per non star in ocio, perchè è difetoso di cataro, e con questo lo fa che sta sano, et perhò va a la caza. À grandissimo cuor; à intrada zercha ducati 600 milia, ma sempre è debito; è più presto prodigo che liberal, quel che l' ha non è suo.... À belissime artilarie, più belle dil mondo.* UT DICITUR, *qual le tien a Yspurch, artilarie che traze ballote, qual fa come uno mangano dove è trate.... Et in la soa corte è gran spexa; et come a uno li muor uno cavallo, lui li paga uno altro etc. Par amigo di la Signoria nostra, perchè quella incede realmente; è nimigo di Franza, et pur potesse farli qualche mal....* ITEM *à bellissime zoie, qual le monstrò quando l'investì il vescovo di Argentino, sora una tavola, dicendo: Questi voleva se metessemo queste zoie a torno; basta che le avemo, vedetele qui...* " Tale Massimiliano e i suoi tratti caratteristici abbastanza curiosi. (Dico *abbastanza*, perchè nel Sanudo ce n' ha di curiosissimi: a un luogo, per esprimere tutta la pazienza di Ferdinando il Cattolico, scrive: *uno li chavò uno dente bon per uno chativo, e il re disse: Haveti cavà il bon; e non fe' altra movesta.*) Del resto, che Massimiliano fosse spesso a caccia proprio nell'anno 1507, si rileva da molti luoghi del Sanudo, e a caccia dava anche udienza; alla data 16 sett. si legge di un oratore che *era stato col re in coloquio sotto uno arboro in campagna a chaza.*

13 Difficile a pensare un verso più inutile.

14 Sacrifico alla brevità tutti questi discorsi, ne' quali sono tratti ammirabili di robusta e germana latinità. Per la storia, noto qui nel Modesti un anacronismo, certo voluto ad arte. Il figlio di Massimiliano, Filippo detto il Bello, arciduca di Borgogna e re di Castiglia, era morto innanzi che venissero a Venezia i legati del padre. Infatti il Sanudo dice che, ricevuti in collegio essi legati a' 21 giugno 1507, " *erano vestiti di negro, per la morte dell' Arciducha..., con certo habito fantasticho etc.* " E già a' 16 Aprile aveva detto di Massimiliano che " *la morte dil fiol re di Castiglia li à fato variar molti pensieri, perchè, si 'l viveu,*

el feva gran cosse..." Quegli oratori, a detta del Sanudo, erano tre; " *el primo orator in ordine era Zuan Camillo* DE MONTIBUS, *ch' è consiliario regio ; il segondo, el capitano di Trieste, domino....; il terzo, el dotor Rauber.* " (Luca de' Rinaldi era venuto, nunzio *segretissimo,* fin dal 2 giugno.) Il Rauber fece in collegio un' orazione latina, la quale, stampata, *si vendeva per Venecia un soldo l' una ; ma in conclusion* i legati dissero chiaro : " *che il re vien contra di Franza in Italia.* " E però, a' 29, si deliberò " *dirli non semo per darli passo venendo con Zente d' arme, et confortarlo atender a venir pacifico.*" Tal risposta fu la mattina seguente letta ai tre oratori, " *i qualli se tirono da parte, e, dito poi certe parole toiseno licentia, dicendo aviseriano la cesarea maiestà ch' è a Costanza. Et cussì, la matina, domino Camillo* DE MONTIBUS.... *si partì per stafeta, per andar dal re e dirli tal risposta ; e li altri do restorono in questa terra.*"

15 Chi voglia come un elenco dei capitani e contestabili a servigio di Venezia in quei mesi e delle loro diverse condotte, vegga il Sanudo, tra l'altre, alla data del 1º marzo 1508.

16 Due figli legittimati di Roberto il Magnifico, vincitore del duca Alfonso di Calabria nel 1482. (V. *Luigi Tonini,* RIMINI etc. *V. 5, c. 3, § 2.*) Pandolfo ultimo o Pandolfaccio, n. 1475, militò al servigio del Papa e di Venezia, ebbe in moglie la Violante di Giov. Bentivoglio, fu cacciato di Rimini dal Borgia nel 1500. Riavutala nell'agosto 1503, la rassegnò nel dicembre a' Veneziani, avendone in cambio Cittadella nel Padovano. Guerreggiò pei Veneti, ma, sopraffatti questi dalla Lega, passò a parte imperiale, poi, rialzatisi quelli, tornò a loro. Nel 1527 riebbe Rimini, l'anno di poi la riperse, e per sempre. Morì mendicante a Roma nel 1534. Carlo Yriarte lo chiama l' *Augustolo di quegli Augusti di Romagna.* (UN CONDOTTIERE AU XV SIÈCLE — RIMINI, CH. XVI —) ; certo, come uomo, fu inetto ; come soldato, buono. — Carlo, n. 1480, sposò la Quirina di Federico Gradenigo nob. ven.: *nel resto* (dice bene il Tonini) *seguì la fortuna del fratello; in questo solo più fortunato, che morì glorioso combattendo....,* come vedremo più innanzi nello stesso poema.

17 Qui il Modesti parla di un monte, il quale — *Nomen habet, dederat quod forte Britannicus olim,* — e, a parte la etimologia assurda e il fatto che a Britannico non bastò il tempo di dar

nome a monte o valle nessuna, ho creduto di vederci designato
il monte di Brentonico. Infatti poco stante entra in iscena Dionisio di Naldo, il quale co' suoi era sempre ne' pressi di quel
monte. (V. il Sanudo alle date 22 gen. 1508, 4 e 9 febbr., 2 e 7
mar., 14 mag. e altrove).

18 Il *neve* è manifestamente una svista: a tacer d' altro, tenuto conto che il *nihil non* è una maniera elegante di affermare e nulla più, il *neve* viene a rendere negativa tutta la pro-
posizione; si dovrebbe quindi mutare in *utque*.

19 In molti passi del Sanudo si trova Dionisio di Naldo a
capo o a parte di scontri e di scaramucce, finchè, durante l'e-
spugnazione *di quella maledeta Piera*, si legge che " *li inimici a
piedi fonno a le artellarie... abandonate, et le menavano via. Et so-
prazonse missier Dionisio di Naldo e recuperò le artellarie.* „

20 Il Sanudo, alla data 8 marzo 1508, parlando della rotta
dei Tedeschi alla Pieve di Cadore, scrive; " *È stà sepulti, di corpi
morti in la bataia, in una volta numero 978 et poi 710, che sum-
mano 1688;... et che in questo numero di morti è stà morto uno capitanio, nominato Sisto..., qual havia sei contestabeli con lui, di 800
fanti l' uno: et erano belli corpi di homeni.* „ E l'Alviano, in una
sua lettera alla Signoria, riferita dal Sanudo: " *Morirno tutti
li capetanij lhoro: zoè Arsixtrauzem* (Herr Sixt Trautsohn), *cava-
liero, capo di tuti, etc.* „ E poichè citai questa lettera, da cui
traluce il grande animo di quel condottiero, eccone due periodi·
" *Cos̀ ordinate le bataglie, me tornai a li fanti; et, con quelle aco-
modate parole io seppi, prima li mostrai la certa vitoria combatendo: et poi li ricordai che, non combatendo, se perdeva lo honore
e la vita; et che qui erano in loco da non pensare in salute alcuna,
salvo in le lhoro mano. Et io, armato, in uno picolo ronzino mi misi
in la fronte della bataglia, con·mostrarli ch' io non volea più vi-
vere se non se vinceva; et coss̀ seria stato.* „

21 Fu anche statuito che la condotta di esso Carlo fosse ser-
bata ad un suo figlio per quando avesse *etade legitima.* (Sanudo,
30 marzo.) Il Touini cita intorno alla morte di questo Malatesta un luogo di un comentario di Gir. Rorario e un epitaffio in
versi latini, l'uno e l'altro veduti dal Garampi. Ma forse la più
bella lode di lui, o almeno la più autorevole, fu fatta dallo stesso

Alviano nella lettera citata, ove scrive: " *Todeschi hebbeno oca-sione di fare gran difesa con archibusi et sassi, del che furono fe-riti alcuni, e 'l signor Carlo, virilmente sagliendo, morto.* „

22 Sanudo: " *A dì 23* (aprile 1508), *fo il zorno di Pasqua. Et la matina tutta la terra fo piena dil zonzer eri serra... Zuan Cotta, secretario dil signor Bortolo, vien di Goricia per stafeta, etc.* „ Come si vede, il Modesti segue la storia, e i raffronti non sono senza interesse; ma oggimai attenderò a non abusarne.

23 Belle queste parole tanto più che perfettamente si addi-cono a *quel grande ma sempre infelice Capitano*, per usare la giu-sta frase del Capponi, (*St. della Rep. di Firenze*, L. 6°, c. 4). E il Navagero nella orazione funebre diceva: " *Adversam ille saepe fortunam perpessus est; nunquam sibi ipse defuit: omnia tentavit, omnia expertus est; nunquam sine vulnere discessit, nonnunquam etiam in hostium potestatem venit: laudari debet, quod successu ca-ruerit audacia... Fuit haec in Imperatore hoc nostro virtus eximia: humana omnia semper despexit; fortunae ictus ita excepit, ut animo validior, tamquam hydra quaedam, in hostem resurgeret; ut mihi, qui adversam etiam fortunam vicerit, nunquam victus fuisse videa-tur.* „ Per altro, non è a dissimulare che l'impresa del 1508 è delle più fortunate tra quelle dell'Alviano.

24 Narra il Sanudo che a' 7 luglio giunse a Venezia, rice-vuto a gran festa, il provveditore Giorgio Cornaro: la mattina dell' 8 fu in collegio, " *et referì zercha horre 4, laudando il signor Bortolo di solicitudine e faticha et non stimar periculo; ma è cole-rico assai, e chi sa viver con lui non è niente.* „ Esso Alviano giunse il 9: " *Io Marin Sanudo, con quelli erano in la mia barcha, fosse-mo li primi a ricererlo* (a Marghera) *NOMINE DOMINII, et con lui parlai molto.... Zonto il bucintoro a Santo Antonio,.. fo recevuto dal serenissimo principe nostro, con li oratori Franza et Spagna, et gran numero di patricii vestiti di seta. Erano 3 cavalieri solli, vestiti d'oro;... il doxe, damaschin cremexin con manto; il signor Bortolo, vestito di ormesin paonazo e bareta di veluto paonazo... Tutta la terra in festa, gran moltitudine di barche et persone, tutti jubilanti. Et col bucintoro veneno fin a la choxa dil duca di Ferara, dove era preparato; et il doxe lo acompagnò fino a la camera e lì rimase.* „ Nella descrizione di questo incontro il Modesti ha versi bellis-simi:

Hicne hilares plausus memorem, longique theatri
Gaudia, qua mediam magni secat unda Canalis
Se sinuans Urbem, et lati spacium explicat alvei?

E sotto:

Turmatim exultant cymbae, densaeque feruntur,
Qua via ipsa trahit ratium iunctaeque catervas.
Liviades medius clari in splendore Senatus,
In strato residens ostro, bellum ordine narrat,
Devictasque urbes, et mille exhausta laborum
Pondera, per solesque et tristia frigora caeli.

E dove l'Alviano consacra un trofeo a San Marco:

Dive, potens pelagi, caelique verenda potestas,
Non leve Teutonicis cuius modo Numen in arvis
Sensimus, et palmam quo non absente potimur,
Hostibus ista tibi statuo vexilla subactis
Liviades, miles tuus Adriacique Senatus.

Tornando al Sanudo, *a dì 12 el signor Bortolo andoe a disnar, con
là moglie et li capi stati in campo, tutti a chà di Sier Zorzi Corner,...
dove erano donne invidade, per far ozi una festa bellissima; ballado
con maschare. Fato una degna colatione, più di 200 che portava;
con le terre aquistate, di zucaro, Goricia, Cremons, Trieste, Porde-
non etc., et spongae con arme dil signor Bortolo et Cornera; et fato
poi recitar alcuni versi in forma di comedia,* ADEO *tutto quel zorno
stenno in delicie, et voltizar su corde etc.*

25 Belle o notevoli nel canto di questo Jopa diverse cose:
il verso, con cui si loda il Bembo per la poesia italiana e la
latina; il carattere, giustamente osservato, dell'ingegno poetico
del Navagero; il modo onde s'introducono le lodi di Antonio
Modesti; il fingere che l'autore della *Crisopeia*, Giov. Aurelio
Augurelli, fosse, nè è improbabile, presente a quel convito. Il
Sadoleto, il Giraldi Lilio, il Beroaldo iuniore, il Paleotti Camillo,
il Molza, l'Inghirami detto Fedro, Camillo Porzio, sono lodati
quasi tutti per le qualità che pareano più proprie di ciascuno,
o per le opere loro. Il Lipomani fu per avventura aggiunto da
affetto di amico o da riconoscenza di ospite. La freddura sul
nome del Castiglione è anche in altri cinquecentisti, e tra essi
nel Flaminio. Il quale Flaminio, del pari che il Vida, era ancor
troppo giovine per aver luogo in questo elogio modestiano.

26 Quando pensò questo episodio, il Modesti dovea, credo, conoscere l'idillio di Claudiano che ha per titolo — *Magnes* —. Del resto, il lettore colto avrà già in più luoghi avvertito dei vestigi di quel poeta, e di Lucano anche più frequenti.

27 Vedi tra gli *Scriptores* del Muratori (t. XXII) le *Vite dei Dogi di Venezia* dal 429 al 1493, di Marin Sanudo. Ivi appunto è narrato che, sotto, Vitale Michele, doge dal 1096 al 1102, Venezia fu alla Crociata bandita da Pietro Eremita, con 207 vele, capitani Enrico Contarini vescovo di Castello e Giovanni Michele figlio del doge. La zuffa dei Veneziani coi Pisani *i quali erano colla loro armata nello stuolo,* nacque da ciò, che, avendo i Veneziani in Turchia trovati e presi i corpi di *San Teodoro martire, San Niccolò grande e San Niccolò suo barba,* i Pisani *volevano toglierli,* ma furono rotti e *si dice che vi fu grande strage.*

28 Inutile insistere su questi nomi e su questi fatti, tra' più noti della storia di Venezia: il Sanudo, op. cit., nella vita di Andrea Contarini, doge dal 1368 al 1382, dà di tutta la guerra di Chioggia i più minuti ragguagli. Nella maggiore distretta *le ciurme non volevano andare sotto il capitano Taddeo Giustiniano nè altri uomini da capo. E tutti gridavano ad alta voce:* SE VOI VOLETE CHE ANDIAMO IN GALERA, DATECI IL NOSTRO CAPITANO MESSER VETTORE PISANI CH' È IN PRIGIONE. *E udendo questo il detto Vittore Pisani venne alle Cantellene dicendo:* VIVA MESSERE SAN MARCO. Cavato di prigione e fatto Capitan generale, il *popolo gridava ad alta voce:* VIVA MESSERE VITTOR PISANI. *Et egli diceva che tacessero, e che gridassero:* VIVA MESSERE SAN MARCO. Quanto a Carlo Zeno, egli giunse a proposito, ma la venuta sua non fu ispirazione; anzi, mandata dalla Signoria una galea in Candia a richiamarlo, egli ricusava di venire; ma *Vito Tririsano, ch' era duca in Candia, fece venire il zocco e la manaia, e fecegli fare comandamento che passato il suono d'una campana ch' egli farebbe sonare, se si trovasse alcuno delle dette galere del Zeno in terra, gli farebbe tagliare la testa. E per questa provigione tutti andarono in galera, e il detto Capitano Carlo Zeno navigò alla volta di Venezia.*

29 Al solito, in questi racconti potrebberai notare tratti assai belli, e proseguire i raffronti tra la poesia modestiana e le *Vite* sanutiane.

30 In quest' ultimo libro e nell'*Epilogo* mi prendo, nel tradurre, una libertà: senza nulla mutare o aggiungere, tolgo quelle
che mi sembrano lungherie o ripetizioni, e così, essendo il testo latino riferito, s' intende, nella sua integrità, altri potrà vedere nel fatto se io mi apponessi affermando che nel Modesti
al bello e al buono nuoce il troppo e il prolisso.

31 Il feudo di Pordenone era stato donato all'Alviano fin dal
20 giugno; il 15 luglio *in chiesia di San Marco* gli *fo dato el sten-
dardo et baston d'arzento, come governator di le zente da pe' et da
cavallo;* il 16 luglio fu fatto gentiluomo veneziano.

32 Il Sanudo dice che a' dì 11 luglio l'Alviano *andoe a l'arse-
nal, acompagnato da li savii ai ordeni,* e che a' 14 *da poi disnar
fo a Muran, con la compagnia, a veder far veri.* Il Modesti ha
diviso; le signore a Murano, il guerriero a l' arsenale. Della
descrizione di questo sono da citare alcuni versi, anche perchè
a un luogo ricordano i famosi di Dante.

Plurima mirantur, ratium numerumque modosque
Et moles, mediis ceu stantes fluctibus urbes.
Non tot ab aeoliis quisquam fornacibus ictus
Excipiat, Liparae propior licet arrigat aures,
Cum deus idalio iunonius, aethere lapsus,
Descendit Thalamo, et Cyclopibus instat acerbus
Festinans opus eximium Martive Iovire;
Quot crebro incurvis resonas Navalibus auras
Percussu feriunt crepitus caeloque resultant.
Hic properi urgentes aptant texuntque magistri
Cum turma, ille trabem, hic tigna inflexa dolantes
Longarum in ratium crates uterosque repandos;
Hi substructa cavis castella in puppibus aptant:
Lina alii in rimas stipant, cuneisque coactis
Intrudunt penitus, super et picis unguine tingunt:
Hic transtra, hic clavum, remum parat ille bipenni.

. . . .
Quin et foemineis in nautica munera iussus
Est operis sudor, suus et labor additur illis
Carbasa nent, texumque iugis et plurima curant.

33 Anche questa vanissima frasca voglio notare prima di lasciare il Modesti. Dal quale per altro, come da tutte le persone che
mi hanno qualche cosa insegnato, mi separo con displacere e

riconoscenza; tanto che, se circostanze mie o indifferenza altrui non lo vieteranno, tornerò forse col tempo su questo lavoro per emendarne quei difetti che la mia diligenza non fosse a tutta prima riuscita a schivare.

FINE.

INDICE.

———oo;o;oo———

CPSIA information can be obtained
at www.ICGtesting.com
Printed in the USA
BVOW07s1602050717

488466BV00024B/230/P